RUGBY《ラグビー》日本代表に捧ぐ

大野 均

廣済堂出版

カバー写真　長尾亜紀／アフロ

はじめに

ラグビー日本代表チームが過去最多の3勝をあげた4年前（2015年）のワールドカップイングランド大会。ご記憶の方も多いことでしょう。強豪国、南アフリカに劇的な勝利を収め、おそらく世界中のラグビーファンが目を丸くしたであろうあの大会は、私が3度経験したワールドカップの中でもとくに強く印象に残っています。

1次リーグ最終戦となったアメリカ戦後、グロスターの宿舎でみんなと酒を酌み交わしました。大会直後に飲んだ酒は、これまでの人生の中で一番美味しい酒でした。

その日は夜中まで飲み、翌日の朝も飲み、ヒースロー空港へ向かうバスの中でも飲みました。ワールドカップのために、食生活もストイックにやってきていましたから、その反動が一気に出ました。

途中でハンバーガーやフライドポテトなどを買い込み、食べて飲んでと大盛り上がり。機内でもみんな、飲み疲れて寝てしまうまで大いに飲みました。

２０１５年10月13日、羽田空港に到着したのは日本時間の午後です。

「ラグビー日本代表が帰国しました！」

驚いたことに、お昼のワイドショーで、自分たちが搭乗した飛行機の様子が生中継されていることを知りました。

それまでのワールドカップは結果も出ていなかったので、そのまま羽田空港で解散というパターンでした。数人の記者が来て、囲み取材で終わるぐらいだったんです。

でもこの時は、記者会見が品川のプリンスホテルで用意されていました。搭乗口を出ると、５００人ものファンやメディアが集まっていると聞きました。大勢の方に歓迎され、すごく幸せな気分に浸ることができました。

サッカーのワールドカップやオリンピックなど大きな国際大会で結果を残して日本に帰ってくると、チームや選手が多くのファンやメディアに出迎えられますよね。「ラグビーもこうなったらいいのに」とずっと思っていたことが、目の前で実現したわけです。

あれから4年の歳月が経ちました。信じられないことに、あのワールドカップの熱狂が日本にやって来ます。

日本開催が決まった09年7月。僕は代表合宿中で、ジャパンのメンバーたちと見ていたテレビでラグビーワールドカップ日本開催決定を知りました。

そのときは正直、「本当にワールドカップを開催できるのか？」と不安でした。なぜなら、まだワールドカップで1勝しかしたことがない国でしたから……。

でも、だからこそ、15年のイングランド大会では、みんな危機感を持って戦った気がします。「ワールドカップで良い結果を残さないと、19年大会の成功は難しい」と。

その結果、過去最多の3勝を上げました。あれから4年の歳月が経ち、アジア初のワールドカップまであとわずかです。

この本では、「歴史が変わった」と言われた15年ワールドカップの戦いの中で僕が思ったこと、さらには、そこに至るまでにも2度のワールドカップをはじめ、日本代表として数多くの国際試合を経験した者として僕が感じてきたことを、エピソードを交えながら語ってみたいと思います。

苦難の歴史があったからこそ、今のジャパンがあるんだということを多くの皆さんに知って欲しいからです。それを知っていただけば、ラグビーのワールドカップが日本で開催されることがどれだけすごいことか、また僕ら選手たちにとってはワールドカップに出場することがどれだけ名誉なことかを、わかっていただけるのではないかと思います。

さらに、現役を長くやらせていただいていることで、今のジャパンの多くの選手を知っている者として、感じていることも書かせていただきます。

さらには、いちラガーマンとして日本大会の成功を祈り、ジャパンにエールを送りたいと思います。

この本を手に取っていただいた方が4年に一度、いや日本開催という意味では一生に一度の祭典を楽しめる内容になればと、ありったけの思いを込めました。

大野均

RUGBY ラグビー 日本代表に捧ぐ

Contents

第2章　遥かなるワールドカップ

第3章　遠かったワールドカップの1勝

第4章　ジャパンの誇り

第5章　ジェイミー・ジャパンに捧げるエール

第1章

その時、日本ラグビーの歴史が変わった！

理不尽な指導者との出会い

「このチームの歴史を変えよう」

この言葉でエディー・ジャパンの4年間はスタートしました。2012年4月にジャパンのヘッドコーチに就任したエディー・ジョーンズさんが代表選手を集めた最初の合宿は、静岡県のつま恋で行われました。

最初の全体ミーティングでのことです。

「これまで日本は、世界ではラグビーの弱者だった。でもオレたちは弱者じゃない」

冒頭の言葉に加え、こう話されたのを覚えています。

1対1のミーティングでは、こう言われました。

「失うものは何もない。ここからは登るだけだから、今までの経験を全部出してくれ」

これまで積み上げてきたものは何もないというのか……という複雑な思いもありましたが、ジャパンのために力を尽くす気持ちに変わりはありませんでした。

僕がエディーさんと初めてお会いしたのはジャパンのヘッドコーチに就く直前、まだサントリーサンゴリアスのGM兼監督をやられている時です。サントリーが優勝した2011－2012シーズンのトップリーグ表彰式で、僕は6度目のベストフィフティーンに選ばれました。

そのとき、会場の国際フォーラム（東京・有楽町）で乗ったエレベーターで偶然一緒になったんです。

僕はもちろんエディーさんのことを知っていましたが、向こうも僕のことを知っていてくれました。直接話したことはなかったので、素直にうれしかったですね。

「今、何歳？」

「33歳です」

「すごいね」

エレベーター内でエディーさんと日本語でやり取りしたのを覚えています。

当時、僕ら選手の間で「次のヘッドコーチはエディーさんだろうな」という噂がありました。

サントリーの選手からは、どれほど厳しい指導者なのかを聞かされてもいました。サントリーの選手全員に対して「体脂肪率を測ってチームに送れ」と指示していたといいます。

エディーさんはオーストラリア代表でヘッドコーチ、南アフリカ代表のチームでアドバイザーを務められた国際経験豊富な指導者です。

僕の中では03年のワールドカップオーストラリア大会でオーストラリア代表を準優勝に導いたときのイメージがすごく強く、まさに世界での勝ち方を知っている指導者という感じでした。

そのエディーさんがサントリーで指揮を執ると聞いたときは、「これはサントリー、また強くなるな」と脅威に感じたものです。

実際に僕も東芝ブレイブルーパスの選手として、当時のエディーさんが率いるサントリーとは何度も対戦しましたが、すごく強かった。チーム全員が規律を守り、エディーさんの戦術を徹底して叩き込まれている。そんな印象を受けました。

エディーさんはコミュニケーションを重視するリーダーでもあり、選手同士が食事しながら会話をするようにと、携帯電話の使用を禁止したとも聞いていました。

そのことは、僕がエディー・ジャパンに入ってからも強く感じたことです。エディーさんは試合後に通訳を介して、良かった点と悪かった点をきちんとミーティングしてくれるんです。

選手としては「ちゃんと見てくれているんだな」と感じることができてうれしいし、励みになりますよね。その分、「きちんとやらなきゃダメだな」とプレッシャーもかかりますが。

キャプテンやリーダー格の選手になると、代表期間中でなくても呼び出して個別ミーティングをする。そのあたりは実にマメな人でした。

1日3回の練習は当たり前

2012年、ヘッドコーチに就任したばかりのエディーさんは早速、僕をジャパンに呼んでくれました。

その際、「大野は2015年のワールドカップにはおそらくいないでしょう。でも今の若いチームには必要だから選びました」と、コメントされている記事を読みました。

僕自身、その段階で15年のワールドカップ出場が明確に描けていたわけではありませんでしたが、この言葉で奮起しました。

「だったらジャパンを離れる時期を1日でも遅らせてやろう。いい意味で、エディーさんを裏切ってやる」

そう決意したのです。


ご存知の通り、選手、スタッフに「ハードワーク」を課すことで知られるエディーさんですが、初めての合宿も予想通り厳しいものでした。もちろんある程度、覚悟して臨みましたが、想像以上のものでした。

まず驚かされたのは、1日のスケジューリングの中での練習量の多さ。練習は最低でも1日3回。4部練習も珍しくありませんでした。

1日のスケジュールは、だいたいこんな感じです。


朝5時から5時半の間に起床。

6時から1時間ほどトレーニング。
7時に朝食。
8時から10時まではスリープ（休息・休憩）。
10時半から12時頃まではグラウンドでの練習。
それが終わると昼食。
13時から15時まではまたスリープ。
その後、15時半もしくは、16時から夕方の練習。

「スリープ」とスケジュールに記載されている休息時間は、1回に2時間ほど確保されていました。とは言っても「2時間全部寝ろ」ということではなく、コーチからは「なるべく寝て欲しい」と言われていました。

練習の回数は多いのですが、練習時間は短く集中できるようにと、長くても1時間半でした。

練習の際、ドローンを飛ばして上空からその様子を撮影されていたこともあります。これをやられると、サボッている選手まで画面に映ってしまいます。

ドローンを飛ばしていたのは、ジャパンの紅白戦のとき。そのとき見事にやられたのが、五郎丸歩でした。

フルバックの彼は基本的に最後方にポジションを取りますから、「見えないだろう」とちょっとサボッていた時間があったようです。それが全部ドローンに映っていたとは……。

そう言えば、次の日の練習が休みだったので夜、チームのみんなで飲みに出かけたことがあります。

五郎丸が部屋に戻ると、エディーさんの置き手紙がありました。

「ミーティングがしたい。今日の紅白戦の結果は許せない」

そう書いてありました（笑）。

理不尽トレーニングの偉大な成果

エディー・ジャパンは厳しい練習ばかりでしたが、中でも通称「1K（ワンケイ）」と呼ばれる練習メニューの前日は皆、憂うつな顔をしていました。

僕の所属する東芝ブレイブルーパスも厳しいトレーニングで知られていますが、この練習はハンパじゃありません。

ワンケイとは、練習の間に行うフィットネスメニューのことです。

ラグビーはゴールポストから反対側のゴールポストまでの距離が約100メートルありますが、これを5往復、全力で走ります。

陸上トラックを走るのではなく、行って帰っての往復です。全力で走って、折り返すためには一度落としたスピードをまた上げなければいけない。これはかなりキツいメニューでした。

5往復で約1キロメートル。だからワンケイなのです。

これだけもキツイのに、もちろんラグビー選手ですから、その後にラグビーの練習が待っています。多いときはワンケイが終わると、ラグビーのトレーニングに戻り、またワンケイといった具合に3回ワンケイを繰り返す日もありました。

「何分何秒以内で走れ」といった設定タイムはありませんが、タイムはしっかり測っていました。

こうなると、代表合宿には代表選手を絞り込むセレクションの意味も含まれていますから、どの選手も必死です。

いや、今思い出してもこの練習は本当につらかった。でも、こういった理不尽とも思えるような厳しいトレーニングをみんなと共有したからこそ、チームとしての結束がより深まったのだと今は思っています。


エディー・ジャパンは、ウエイトトレーニングも理不尽でした。

ウエイトの常識は「筋肉をいじめたら、しばらく休む時間を与えないと回復しない」というものでした。「でした」というと、今は違うと思われるかもしれませんが、今でも常識はそうでしょう。

ところがエディー・ジャパンでは、なんと1日3回の筋トレを行っていたのです。

こんなことをやっていると体はどうなると思いますか？

「いったい、いつになったら回復するんだろう……」と思うくらい、常に筋肉痛の状態が続きます。やってみればわかりますが、おすすめはしません（笑）。

ただし、こういうハードメニューをこなしたおかげと確実に言えることがあります。次第に体が大きくなり、走力も格段についていったのです。

エディー・ジャパンの最初の合宿のとき、全員上半身裸になり、一人ひとり写真撮影をしました。そして、4年後、同じように上半身裸で写真を撮ったんです。見比べると「これだけ変わるのか！」と、本当にびっくりしましたね。

4年後は、筋肉をパンプアップさせた状態で撮影したからなおさらです。心理的に選手を持ち上げようとジャパンのスタッフが撮影してくれたのですが、実際、自分の体の変化がわかり、これは大きな自信になりました。

これまで僕たちが経験したことのない練習内容と肉体的変化。これだけをとっても、あの4年間は僕自身も含めたジャパンのメンバーが抱いていたラグビーの常識を覆すのに十分な時間だったと言えるでしょう。

非常識な発想――日本もスクラムを武器に

エディーさんには常識を覆されることばかりでしたが、なかでも驚いたのは、セットプレー。あろうことか、スクラムをジャパンの武器にしようとした点です。

ラグビーファンならご存知でしょうが、パワーに勝る屈強な男たちを揃えた世界の強豪国と戦わなければならないジャパンには、スクラムを武器にするという発想は、これまで皆無でした。

「スクラムは日本の弱点」

「スクラム勝負では世界と戦えない」

エディーさんを除く歴代ジャパンのどの監督も、これが前提でした。

ですから、スクラムでボールをキープしながら前進する、などという発想はなく、「いかに早くボールをスクラムから出すか」というところにフォーカスしていたのが歴代ジャパンのラグビーです。

ところがエディーさんは違いました。

「日本は強豪相手にもスクラムで勝負できる」

このように発想を180度転換させた。これまでの日本ラグビーの常識をぶっ壊すことから始めたのです。

今振り返っても、やっぱりすごいコーチだと思いますね。

スクラムコーチがやってきた

ジャパンのスクラムを強化するため、2012年秋、エディーさんはフランスからマルク・ダルマゾというスクラムコーチを招聘しました。

それまでのジャパンにはスクラム専門のコーチはいませんでした。しかし、マルクさんというスクラムのスペシャリストを呼んだことで、「エディーさんがスクラムで（世界と）勝負すると言ったのは本気なんだな」と僕らにも十分伝わりました。


エディーさん同様、マルクさんもとても熱い人でした。

「スクラムは戦争だ」

「スクラムで負けたら試合で負ける」

試合前は、僕らフォワード陣に向けていつも、こう檄を飛ばします。

スクラムという戦争に勝つ。そのためにと、マルクさんが課すトレーニングも厳しいものばかりでした。

スクラムの練習には、肘と足の爪先を地面につけて姿勢をキープしながら耐える「プランク」と呼ばれる体幹トレーニングがあります。

このプランク、通常は柔らかいマットの上などで行います。ところがマルクさんはそれを砂利道の上でも僕たちにやらせたんです。

長野の菅平合宿でのことです。「フォワード、集合！」と呼ばれて集まると、「今からここでプランクを5分間やるぞ」と言い出したんです。

「えっ、ここって砂利道だけど……？」

僕らが唖然としていると、マルクさん自ら率先してやり始めます。こうなると僕たちも続かざるをえません。

もう、手が痛いのなんの！

しかし、エディーさんの課したハードトレーニング同様に、こうした理不尽にも思えるトレーニングが、ラグビーには必要なんですね。

キツイ練習をともにやり切ることで、フォワード陣の結束がより高まったことは言うまでもありません。ラグビーにかぎらずどんな集団でも、キツイ思いをして壁を一緒に乗り越えた仲間との信頼は揺るがないものです。

日本人でも低いスクラムで勝負できる

マルクさんは、本当に細かくスクラムを指導してくれました。

ラグビーファンの皆さんはおわかりでしょうが、ビギナーの方のために、ここで簡単にスクラムの説明をしておきましょう。

ラグビーには試合をいったん止めて、ある陣形からプレーを再開するセットプレーがあります。

セットプレーは、キック（ペナルティーキック、フリーキック）を除くとスクラムとラインアウトの2つです。

ラインアウトはボール、またはボールを持ったプレーヤーがタッチラインに触れるかその外に出た場合に試合を止めて再開するときのセットプレーです。敵味方の2列に選手を並べてボールを投げ入れ、味方のアシストで高く飛び上がった選手がボールをキャッチして味方に渡します。

続いてスクラム。ノックオン（前方にボールを落とす）やスローフォワード（前方にボールを投げる）などの反則があったとき、あるいは密集状態からボールが出ないときにレフェリーがスクラムを指示します。

15人制のラグビーのスクラムは、敵味方8人同士で組み合います。8人を3列に分け、前からフロントロー3人（両サイドのプロップ＋真ん中のフッカー）、セカンドロー2人（ロック）、バックロー3人（両サイドのフランカー＋真ん中のナンバーエイト）という布陣です。

列で言うと、このように3－2－3ですが、実際には3列目のフランカーは2列目のロックの横に入ることがほとんどですから、フォーメーションの形は3－4－1になります。

この形で両チームが組み合い、ボールを入れて押し合うのです。

スクラムにおいて1列目のプロップ、フッカーは細かいところで駆け引きをしています。というのも、スクラムって〝印象〟が重要なんです。

なぜならレフェリーは、スクラムが崩れた場合、どちらかが力負けしたのか、あるいは、どちらかが意図的に崩したかということを判断します。

押し込まれるのを防ぐために、やむをえずスクラムを故意に崩すのはよくあることですが、これをしたと判定された場合は相手チームにペナルティキックが与えられます。

この判断はレフェリーに委ねられていますが、実はレフェリーにも、力量差によるものか故意なのかを正確に判断するのは難しいようです。最終的には彼らの判断を左右するのが〝印象〟なんですね。

そのため、とくに試合が始まって最初のスクラム。ファーストスクラムで、レフェリーにどんな印象を与えるかということが非常に大切です。マルクさんも「ファーストスクラムは大事だ」と常々言っていました。

マルクさんのスクラムの特訓には、単純にスクラムを組んで押し合うだけでなく、8対8の16人で陣形を崩さずに前後左右に進んだり、回ったりするのを練習するメニューがありました。

最初はそれを3対3でやっていたのですが、すぐに崩れてしまいました。崩れないためには全員が息を合わせることはもちろん、しっかり押し合っている状態で、かつ低い姿勢を保ち続けなければいけません。

マルクさんからは膝の角度など細部にわたって指導を受けました。

「日本人は正座ができる。それは足首が柔らかいからだ」

マルクさんは、だからこそジャパンは低いスクラムを組めるんだという持論を持ち、日本人に合った独特のスクラムの組み方を研究していました。そのおかげで、前回のワールドカップを迎える頃には、8対8のスクラム練習でもしっかりと言われた動きができるようになったのです。

スクラム中に感動したイタリア戦

マルクさんの指導ばかりでなく、ジャパンがスクラムを武器にできた背景には、もう一つ理由がありました。

2012年に行われたルール改正です。

以前のラグビーでは、スクラムが開始されるとき、両チームのフロントローは、かなり離れた距離から勢いをつけてガバッと組み合っていました。

これ、見た目は威勢がよく、見ているラグビーファンは「よし、押せ！」という場面でしょうが、お互いの距離があるということは、それだけ最初のガバッ！　の勢いで趨勢が決まってしまうことを意味します。

すると、どうしてもパワーや体格で日本に勝る強豪国の選手はカサにかかってきます。ところが、ルール改正によってスクラムを組む際の距離が縮まったのです。

具体的に言うと、双方のプロップは相手の肩に触れた状態よりも離れないように組まなければいけないということになり、これでパワーや体格に勝るほうに有利という状況は一変しました。マルクさんに仕込まれたテクニックが生かせるようになったんです。

以前は組んだ最初の勢いで押し込まれて劣勢に立たされ、体の大きい相手に一気に持っていかれることもよくありました。だがルール改正により、最初から低く組むことで、自分たちに有利な形に持っていくことができるようになりました。

その成果が現れたのが、ワールドカップ本戦までに行われたテストマッチです。12年のヨーロッパ遠征ではルーマニア、ジョージアに敵地で勝ち、13年にはウェールズ、14年にはイタリアにも初めて勝つことができました。

とくにイタリア戦は忘れられません。

それまでにもイタリアとは対戦した経験がありましたが、スクラムでコテンパンにやられた記憶があります。ところが、14年6月、秩父宮ラグビー場でそのイタリアに勝った試合では違いました。僕は後半24分から出場しましたが、スクラムを組んだときにはイタリア相手にも引けを取りませんでした。

スクラムは日本の弱点と言われ続け、2列目のロックを務める僕の中にもそういう意識はかなりあったと思います。

だからこそ、このときはプレー中にもかかわらず感動しましたね。「日本のスクラムが世界に通用するんだ」と初めて実感できたのですから。

エディーさんもマルクさんも厳しい人で、練習は本当にきつかったのですが、僕たちは成長を実感できていたので、途中で投げ出すような選手は一人もいませんでした。

こうしてテストマッチ11連勝など成功体験を重ねたことで、「エディーさんについていけば結果は得られる」という実感がどんどん大きくなっていったのです。

フォワード会での出来事

マルクさんについては、ちょっと印象的なエピソードがあります。

ラグビーは肉体と肉体が激しくぶつかり合う格闘技のような球技です。とくにスクラムを組むフォワードはまさに「苦労と痛みに耐える」ポジションで、スクラムを組むのはフォワードの8人ですが、ポジションごとに違う苦労があるので、それぞれに慰労会のようなものが存在します。

僕のポジションはロックなので、トップリーグの他チームに所属するロック同士が集まって食事会をします。いわゆる「ロック会」ですね。ジャパンの中でもロック会があり、ロックの選手たちだけで飲むことがあります。

そして、それとは別にフォワードのメンバーだけの会もありました。

そのジャパンのフォワード会が開かれたある日、こんなことがありました。

フォワード会ですから、スクラム指導をしていただいているマルクさんも当然参加していました。

ところが、マルクさん、参加はしているのですが、どこにいるんだろうというくらい存在感がない。隅っこのほうで一人静かに飲んでいたんですね。

それに気づいた選手たちが声を掛けたんです。

「こっちに来て、みんなと飲みましょうよ」

するとマルクさんは言いました。

「俺はいいよ」

これじゃあ、せっかく声を掛けた選手も困りますよ。どうしようか悩んでいると、マルクさんが続けました。

「だってオマエら、オレのこと嫌いだろ」

「いやいや、そんなことないですから」って、笑ってその場は終わりましたが、どうやらマルクさんは母国フランスでも「変人」と言われていたようなんです。

そういう一風、変わったところのあるコーチでしたが、マルクさんのスクラム指導なしにジャパンの躍進はありえなかった。これは間違いありません。

南アフリカ戦への周到な準備

２０１５年ワールドカップイングランド大会でのエディー・ジャパン躍進の陰には、厳しいトレーニングはもちろんのこと、それ以外にもワールドカップという特別な大会に向けた周到な準備がありました。

今振り返っても、確かにいくつもの〝予行演習〟がありました。

まずは大会期間中に滞在するまちへの慣れです。

15年4月にイングランド遠征を行った際、チーム全員で滞在するまちを下見に行きました。

僕はそれまで2度のワールドカップを経験していましたが、07年のフランス大会、11年のニュージーランド大会のときも、そういう予行演習はありませんでした。

エディーさんは15年にチームが始動する前に、このことを元日本代表キャプテンの箕内拓郎さんとミーティングし、決めていたそうです。

そこでは「今までのワールドカップで、ジャパンはどういうことをやっておけば良かったか」ということが議題になったと言います。箕内さんはキャプテンとして過去2大会を経験していましたから、こう言ったそうです。

「事前にキャンプ地を知っておいたら、もっと気分的にリラックスしてワールドカップを迎えられたかもしれない」

それを聞いたエディーさんが急遽、イングランド遠征のスケジュールを組んだと聞きました。

本番と同じホテルに泊まり、同じところで練習をして、同じ移動手段で次のキャンプ地に向かう。この予行演習ができたことは、環境に慣れるうえで非常に良かったと思います。

「打倒南アフリカ」の秘密特訓

初戦の南アフリカ戦の分析も〝準備力〟の代表例と言えるでしょう。

ワールドカップで2度の優勝を誇る南アフリカとの対戦は、ジャパンが出場権を獲得した2014年からわかっていました。

エディーさんは相手がどんな強豪国であろうとも、常に勝ちにいく姿勢を崩さない人です。それは南アフリカ相手でも同じでした。

エディーさんの手によって、打倒南アの秘策が練られます。

その特訓メニューは、通称「ビート・ザ・ボクス」と呼ばれるものでした。南アフリカ代表の愛称であるスプリングボクスをもじり、「南アフリカを倒す」という意味です。優勝候補の南アフリカを倒すためのものですから当然と言えば当然ですが、これもとてもキツいメニューでした。

まず、自陣から攻撃を始めて、4フェーズ以内にボールを敵陣まで運ばなければいけません。

フェーズとは、ボールをキープし続けることで、相手のタックルを受け密集ができ、そこからボールを出して、攻撃を再開すれば1フェーズ（反則や相手チームのターンオーバーが起きるとそこでストップ）ですから、それを4回続ける間に敵陣にボールを運べということです。

それができないと、エディーさんは「ターンオーバー！」とコールします。つまり相手ボールになり、そこからディフェンス練習に切り替わるのです。

相手ボールになれば、今度は4フェーズ以内に自陣に入れさせないように守り切る練習です。ワールドカップ本番で南アフリカ相手に守り切れたのは、まさにこのキツイ練習があったからこそだと思います。

レフェリーのクセを知る

周到な準備と言えば、レフェリー分析もそのひとつです。

ワールドカップのレフェリーの割り当てはあらかじめ決まっていて、南アフリカ戦はフランスのジェローム・ガルセスさんが担当することがわかっていました。

このガルセスさんを2015年8月、エディーさんは宮崎合宿に呼び、実際に笛を吹いてもらったのです。お願いしたのは、宗像サニックスとの練習試合やウルグアイ代表とのテストマッチでした。

実際に笛を吹いてもらって、僕がガルセスさんに抱いた印象は、「しっかりとストレスなく吹いてくれる審判だな」いうものでした。

世界のトップレベルのレフェリーは笛を吹き過ぎず、流れを切らないんですよね。

反対に、あまり巧くないレフェリーが笛を吹くと、試合がぶつ切りになることがよくあります。

彼にどういうクセがあるかまで僕にはわかりませんでしたが、チームが分析した結果、ガルセスさんにはノット・ロール・アウェイ（タックラーがタックルした後に、すぐにその場所から離れない反則）をよく取るというデータがはじき出されました。

どういうプレーが反則を取られるかを知っているかいないかでは全然違いますから、選手にとってはいい機会になりましたね。

本当はその裏で、美味しいものを食べてもらったり、日本のいいところを観光してもらったりして、日本にいいイメージを持ったまま帰ってもらうという別のミッションがあったということも、後で聞きましたが（笑）。

相手チームを知り、戦略・戦術を練ることはラグビーにおいては常識です。ワールドカップともなれば、その精度が問われます。

チームの分析結果からわかったのは、体の大きな南アフリカの選手たちは、ジャパンの選手たちよりも起き上がりが遅いということでした。

ジャパンとしてはこの傾向を利用しない手はありません。「タックルをされたら簡単に立たせないようにする」という作戦を立て、僕も忠実にそれを実行しました。ロックとして世界に名を知られるヴィクター・マットフィールドの立ち上がりを遅くしようと考え、自分が立ち上がるときにわざと彼の顔を押さえつけたりしました。そんなことをやられたら、外国人選手はだいたいイライラするものです。

「これでマットフィールドが少しでもイラついてくれたらラッキー」

内心そう思っていたのですが、彼は何事もなかったように次のプレーに走って行きました。このときは、ただただ、自分の器の小ささを思い知らされましたね（笑）。

このように僕の狙いは失敗に終わりましたが、ラグビーというスポーツには、そういった心理戦がいたるところにあります。イライラすることでプレーが乱れ、ペナルティーを重ねてしまう選手も少なくありませんから。

やられたらやり返す

僕自身は何をやられてもイライラしないタイプですが、ただ仲間がやられているのを見たら黙ってはいません。

2013年6月、秩父宮ラグビー場でウェールズに初めて勝利した試合での出来事です。スクラムハーフの田中史朗が、ウェールズの選手にラフプレーで突き飛ばされた場面がありました。

このときばかりは、「このままではジャパンがなめられる」と思い、やり返しましたね。

その直後、ほかの選手たちも援軍に駆けつけてくれ、このとき、チームが一つになっているのを感じました。乱闘は決して褒められるものではありませんが、チームのために体を張ることはプレー同様に重要なことだと思います。

03年にラグビーの本場、ニュージーランドへ3カ月ほど留学させてもらったことがあります。ハミルトンという町にあるフレイザーテックというクラブチームで、僕は主にBチームでしたが、たまにAチームでリザーブに入り、途中で起用されることもあり、そこでプレーを学びました。

このチームのバックスコーチに、「ラグビーは格闘技だから、仲間がやられたらやり返せ」と教えられたことがあります。

一人がやられたら、チーム全員でやり返す――。

皆がそういう気迫を持って戦っているニュージーランドで、僕もそれを学んできたつもりでしたが、帰国後は全く実践できていなかった。それを痛感したのが東芝に入社して3年目のシーズンでした。

04年1月9日、味の素スタジアムでのトップリーグ第9節、東芝はNECグリーンロケッツに大敗しました。

翌日に行われるミーティングでは通常、試合のレビューをするのですが、この日は違いました。NECの選手たちが激しくきているのに、僕たちはやられっ放し。動かぬ証拠として、その映像が流されました。

僕自身の映像もありました。NECの選手の指を踏んでしまったことで、相手が怒って突っかかってきた。そのときに「ゴメン、ゴメン」と謝ってしまっていたのです。監督の薫田真広さんからはきつく叱られました。

「オマエはニュージーランドで何を学んできたんだ！」

その一言にハッとさせられました。

ラグビーにとって最も大事な闘争心をニュージーランドにまで行って学んできたつもりが、どこかに置き忘れていたのです。ニュージーランドはニュージーランド、日本は日本と割り切っていたのかもしれません。

ラグビーは球技ですが、格闘技の要素が半分以上を占めています。個々の戦いに負けたら試合に勝てないし、見ている人を感動させることもできません。ラガーマンにとって何をおいても大切なのは戦う姿勢なんです。

エディー・ジャパンの異色コーチたち

エディー・ジャパンは選手たちに戦う姿勢を植え付けるため、総合格闘家の髙阪剛さんにスポットコーチとして参加してもらっていました。

髙阪さんからは「ぎりぎりの局面では足を一歩前に出せ。準備ができていない相手だったら、それだけでビビる」といった戦う姿勢のほか、体の使い方なども教わりました。

またラグビーのタックルとは異なる、格闘技風のタックルも教えていただきました。先手を取るためには姿勢を低くして、仕掛けなければなりません。「そうすればメンタル的にも先手を取れる。それが一番有効だ」と高阪さんは語っていました。

高阪さんは決して体が大きいわけではありません。それでも、PRIDEやUFCといった格闘技の世界で屈強な外国人たちと堂々と戦ってきた人です。そういう人の言葉だからこそ重みがありました。


しかし、そんなラグビーとは別世界の人まで目を配って呼んでくるエディーさんとは何なんでしょう。本当にアンテナの高い人でした。

夜中までラグビーのビデオを見ていながら、サッカーや野球にも詳しい。「そんな時間がいつあるんだ？」と思うほどです。会見やインタビューでも、メジャーリーガーやサッカーチームの名を用いて例え話をすることがありました。

そのおかげで巨人の原辰徳監督や王貞治さんといった日本を代表する野球の監督に、WBCなど国際大会での心得を聞くことができたのはラッキーでした。

また僕らがフランス遠征に行ったときには、フェンシングも経験しました。「ヨーロッパの騎士道精神を体感しろ」という意図があったようです。

また、エディー・ジャパンのストレングスコーチとボクシングをしたこともありました。このコーチは格闘技の経験がある人でめちゃくちゃ強いんです。ボコボコにやられるんですが、それでも立ち向かっていかないといけません。エディーさんはそこをしっかり見ているからです。

加えて、エディー・ジャパンには荒木香織さんというメンタルコーチがいました。15年のワールドカップで有名になった五郎丸のあのルーティーン。あの〝忍者ポーズ〟は荒木さんと二人三脚でつくりあげたものです。

彼女はフッカー堀江翔太のスローイングの安定にも一役買いました。翔太は調子の良いときと悪いときとの波があったのですが、荒木さんのおかげでワールドカップ期間中はずっと良い状態を維持することができました。

荒木さんは主にリーダー陣に対して、いろいろアプローチをしていましたが、僕自身は何ひとつとして相談していません。

彼女が言うには「もう均ちゃんにはメンタルは必要ない。だってあの人は勝手に整えて来るから」と（笑）。メンタルコーチからそう言ってもらえるのは光栄なことですね。

荒木さんは、決して自分の主観では話さない方です。いろいろなデータを照らし合わせた末に、客観的な意見を伝えてくれます。

メンタルコーチと聞くと、「もっと頑張りなさい」などと、その人の主観でモノを言うイメージがあります。しかし彼女は違いました。しっかり勉強してきたことに基づいて、いろいろな角度から意見を言ってくれました。

こんな話を聞いたことがあります。

途中でエディー・ジャパンから外れたある選手がいました。

その選手はモチベーションを保てなくなってしまい、荒木さんに相談したそうです。普通なら「もうちょっとメンタル持ち直して、頑張ってワールドカップに行こうよ」などと言うところでしょう。

ところが彼女は「そうね。じゃあ、もう辞めたほうがいいんじゃない」とバッサリ言い切った。それで、その選手は「やっぱりそうだよな」と納得して、チームから離れていったそうです。

ある意味、その選手は、メンタルコーチから背中を押してもらうことで、自分の気持ちにケリをつけることができたんだと思います。

もしかすると荒木さんは、誰よりもエディーさんのメンタルコーチだったのかもしれません。エディーさんは彼女がいると安心するというのです。

本当はワールドカップに帯同する予定はありませんでしたが、エディーさんのために急遽呼び寄せられました。その意味で彼女は、南アフリカを破ったあの〝ブライトンの奇跡〟の立役者の一人だったと言えるかもしれません。

「ブライトンの奇跡」前夜

２０１５年9月19日、ワールドカップイングランド大会。ジャパンは初戦の南アフリカ戦を迎えました。僕自身、３度目のワールドカップの舞台でした。

試合前日のミーティングで、前キャプテンの廣瀬俊朗は自らがスタッフと作成したビデオメッセージを上映しました。日本にいる元キャプテンの菊谷崇さんに頼んで、トップリーグのチームから応援メッセージをいただきました。

ジャパンの選手たちに、トップリーグを代表して戦うこと、そしてワールドカップに出たくても出られなかった選手たちの思いを背負って戦うということを認識させるという狙いが込められたビデオでした。

このビデオが秀逸だったのは、ただ士気を上げるだけの応援メッセージではなく、笑える要素を含んでいたことです。実際、ミーティングの最後にビデオを見て、みんなで腹を抱えましたから。

翌日の試合本番をリラックスして迎えることができたのは、このビデオのおかげかもしれません。

一方で、僕には正直、不安もありました。

「こんなにフワッとした雰囲気で試合に行っても大丈夫なのかな」

あのときのムードは2度のワールドカップとは全然違うものでしたからね。でも2大会とも結果を残してない僕が「もっとしっかり気持ちをつくれよ」と言うのも違う気がして、むしろこの雰囲気で臨んでも面白いのかなと思えたので、そのときは何も言いませんでした。今振り返れば、これが良かったのだと思います。

東芝のチームメイトでもあった廣瀬は、イングランド大会での出場はありませんでしたが、チームのために力を尽くしてくれた功労者の一人です。彼は試合に出ないノンメンバーの立場でも腐らず、体を張ってトレーニングに参加してくれました。対戦相手の分析も手伝ってくれるなど、彼の貢献度は測り知れません。

エディーさんはサントリー時代、東芝との試合を通じて、彼のプレー面、統率力の素晴らしさを感じていたといいます。

廣瀬は運動量が多く、チームのために誰よりも体を張れる選手です。ポジションはウイング、スタンドオフ、センターもできる。彼のような選手は、チームにとって本当に貴重です。

だから12年、エディーさんがヘッドコーチに就き、廣瀬をジャパンに呼んだと聞いたときは本当にうれしかった。しかもエディーさんは、彼をキャプテンに指名したのです。

ライバルチームのキャプテンを自分のチームのキャプテンに指名するエディーさんは、広い視野を持った人なんだと感じました。

見えた南アフリカの弱気

ブライトンのアメックス・スタジアムで行われた南アフリカ戦に僕はロックでスタメン出場し、後半13分までピッチに立ちました。

試合を振り返ると、大事なファーストスクラムは、南アフリカ相手にしっかり耐えることができました。

「俺たちのスクラムは通用する！」

はっきりとその手応えを感じ取ることができました。

マルクさんと4年間積み上げてきた結晶です。それは間違いありませんが、南アフリカがトップギアじゃなかったのも事実でしょう。

故障明けの選手などもいて南アフリカのスクラムは万全ではなかった。これも僕たちがスクラムで負けなかった理由の一つだと思います。

そして何より、ジャパンが南アフリカを細かく分析していたのに対し、南アフリカはジャパンの分析をほとんどしていなかった。

「日本は強いからもっと分析した方がいいぞ」

当時、サントリーに所属していた南アフリカ代表スクラムハーフのフーリー・デュプレアら日本でプレー経験のある選手などは母国のスタッフに、そう進言していたようです。しかし、彼らがそこにフォーカスすることはありませんでした。

それもあって僕たちの出足の速いディフェンスは、次々に彼らのミスを誘発しました。もちろん、それだけでは勝利を確信することはできませんでしたが、「今日はやれる」という手応えは十分に得ることができました。

この日の不安要素はモールでした。

前半17分のトライはモールから奪われたものです。この時点でモールは全くもって止められる気がしませんでした。

しかし、南アフリカも本調子ではありません。前半29分にジャパンのキャプテンにしてフランカー、リーチマイケルのトライはモールから奪ったものでした。

相手にゴール前のラインアウトを与え、モールで押し込まれるのは避けたいという思いがある一方で、これで「いいモールが組めればジャパンのモールも通用する」という手応えをつかむことができました。

前半はフルバック五郎丸の正確なキック（反則によるペナルティーゴールとトライ後のコンバージョンゴール）が決まり、10対12。2点差で試合を折り返しました。

南アフリカが前半のように、後半もゴール前でモールを選択してこられたらイヤでした。ところが、南アフリカはモールで押し込むチャンスの時に、モールを選択せず、サインプレーを使ってきた。おかげでジャパンは、彼らの攻撃をなんとか切り抜けることができました。

後半16分、19対19の同点で南アフリカがペナルティーを獲得した際も、彼らはショット（ペナルティーゴール）を狙ってきました。

この場面、外に蹴り出してマイボールラインアウトを獲得する選択もできたはずです。おそらく南アフリカはフィジカルを前面に押し出し、大差で日本代表に勝つというゲームプランを描いていたはずです。

それがジャパンの想定外の強さの前に弱気になったのかもしれません。この時点で僕はロックの真壁伸弥と交代していましたが、「僅差でもいいから勝とう」という南アフリカの弱気が伝わってきました。ジャパンからすれば、タッチキックを蹴られてラインアウトからモールを組まれる方が厄介でした。

ラインアウトの練習が実って、ついに同点

ジャパンは、マイボールラインアウトのキープにほぼ成功していました。獲得率はほぼ100％だったと思います。

これも練習の成果です。相手が反応する前に飛び、サインに合わせてスローワーもジャンパーを持ち上げるリフターも呼吸を合わせる。

大観衆が入った試合ではサインが聞こえないことがありました。そのため、スピーカーで大音量の音楽を流し、サインコールが届かないような状況をつくっての練習を考えたのです。これは2013年から就任したイングランドのスティーブ・ボーズウィックコーチの発案です。

彼はイングランドのキャプテンを務めたことのある名選手です。聞けばイングランドのサラセンズでエディーさんが監督だったときにボーズウィックさんがキャプテン

だったそうです。彼はエディーさんに対し、「どういう方針でサラセンズを強くしようとしているのか」と、レポート用紙十何枚もの質問状を送りつけてきたことがあるそうです。

彼はサラセンズでプレーしていた時代から、ジャパンのスポットコーチとしてラインアウトを指導してくれていました。自らがシーズン中であるにも関わらず、ジャパンの対戦相手のラインアウトを分析してくれ、データを送ってくれていたのです。

後半28分、五郎丸のトライはマイボールラインアウトからのサインプレーで奪いました。

これはジャパンのコーチングコーディネーターの沢木敬介さんが考えた作戦で、エディーさんと意見が分かれたそうですが、沢木さんが押し切ったようです。

まずフッカー翔太のスローインをロックのトモ（トンプソンルークの愛称）がキャッチし、スクラムハーフ日和佐篤につなぎました。

そこからセンター立川理道、スタンドオフ小野晃征、ウイング松島幸太朗と流れるようにパスが回り、最後は右サイドを駆け上がった五郎丸がインゴール右隅に飛び込みました。

コンバージョンゴールも決まって29対29の同点に追いついたプレーですから、記憶している人も多いと思います。実はこのサインプレー、練習中に一度も決まったことがないものでした。それが会心のトライとなるわけですから、やはり五郎丸は何かを〝持って〟いたのでしょう。

後半32分、相手のペナルティゴールが決まり、29対32。

ここで、またしても南アフリカはショットを選択します。手堅く勝ちを狙った南アフリカに場内からブーイングが浴びせられました。16分のときと同様に、南アフリカが弱気になっていることが見て取れました。

リーチだからできた、ここ一番の決断

試合終了間際、ジャパンは敵陣でペナルティーを獲得します。

ここでキャプテンのリーチは、同点狙いのショットではなくスクラムを選択、一気

に逆転を狙う大勝負に出たのです。

実は、エディーさんからショットの指示が出ていたという話は、ラグビーファンの皆さんなら先刻、ご存じでしょう。

実際、あのときの映像を見たらわかりますが、スタッフがエディーさんから指示を受け、キックティーを持ってグラウンドに入ってきているんです。

リーチはそれを追い返していましたね（笑）。

あれはまさに、リーチだからこそできた決断でした。

南アフリカがシンビン（10分間の一時退場）で1人少ない状況だったこと、それまでのスクラムに手応えがあったこと。そうしたことから、リーチにはトライをとれる確信があったのだと思います。

だからこそ、ショットで3点入れて同点にするよりも、スクラムからのトライでの逆転を迷わずに選んだのでしょう。

見ている僕もリーチと同じ気持ちでした。

「ここはショットじゃなくてもいい」と思いました。

ピッチにいたトモも「歴史変えるのダレよ⁉」とフォワード陣に発破を掛けたといいます。

あのリーチの決断ですが、ヘッドコーチの指示を無視した大胆な選択と思われるかもしれません。野球でバントやヒットエンドランのサインを選手が無視することはまずありえませんから、ラグビーではそんなことが許されるのかとびっくりされた方もいることでしょう。

実は試合当日の午前中、エディーさんとリーチは2人でミーティングをしているんです。そこで「最後の決断はお前に任す」と確認していたそうです。

リーチがスクラムを選択したときには、コーチングボックスで無線機を投げつけるほど怒り狂ったエディーさんですが、リーチはその前にジャッジ一任の約束を取り付けていた。つまりあの場面、彼にはスタッフを追い返す権利があったのです。

ベンチにいた僕はリーチの選択に胸が熱くなりました。

結果がどう出ようとも、ワールドカップという大舞台で強豪南アフリカ相手に逆転のトライを狙いにいく。大げさでなく、まさに日本のラグビーの歴史が変わるかもしれない大勝負です。しかも勝算のない勝負ではなく、勝算のある決断ですから、胸が熱くならないわけがありません。

それでも最後の最後にウイングのカーン・ヘスケスのトライが決まるまでは、正直、まさか勝てると思っていませんでした。

日和佐、立川、ナンバーエイトのアマナキ・レレィ・マフィと繋ぎ、最後にボールを受けたヘスケスがインゴール左隅に飛び込んだ瞬間、驚きと感動が入り混じった歓声で会場は地響きがするほど沸き返りました。

今振り返っても、勝った瞬間、自分がどういう感情だったか思い出せません。それぐらい必死な思いで見守っていたんでしょうね。

言うまでもなく、南アフリカはワールドカップ2度の優勝を誇る強豪。それに対して日本は、1991年のワールドカップで1勝した経験があるだけ。まさにジャイアント・キリングです。

僕にとってもジャパンにとっても、ずっと欲しかったワールドカップでの1勝を、あの南アフリカからもぎ取ることができた。感無量とは、このことです。

「145点の記憶を消してくれてありがとう」

試合が終わった夜、おそらく熟睡できた選手はいなかったのではないでしょうか。僕も興奮のあまりなかなか寝付けませんでした。

試合後、南アフリカのほうからは日本でプレーしているウイングのJP・ピーターセン、ナンバーエイトのスカルク・バーガーが普通にジャパンのロッカールームにやって来て、「いやぁ、今日はやられたよ」みたいな感じで笑いながらしゃべっていました。

それを見た僕は、「あれっ、彼らはそんなにショックじゃないのかな？」と不思議に思って、ジャージ交換をしに相手のロッカールームに行ったんです。

すると、そこはお通夜のような雰囲気で、水を打ったようにシーンとしていました。やはり相当ショックだったようです。その場を立ち去ったほうがいいように感じられるほどでした。

だが、彼らは紳士でした。せっかく来たんだからという感じで、笑顔でジャージ交換に応じてくれた。トッププレーヤーらしい紳士な対応に救われました。

宿舎に戻ると携帯電話にはお祝いのメールが山のように届いていました。その一つひとつを読みながら、ワールドカップで勝つことの大きさを知りました。なかなか寝付けない興奮もあって、一人ひとりにちゃんとメールを送り返しました。

いただいたメールの中で一番印象に残っているのは、元ジャパンの伊藤剛臣さんからのものです。

「145点の記憶を消してくれてありがとう」

それまで世界のラグビーにおけるジャパンのイメージは、「ニュージーランドに145点取られて惨敗したチーム」だったのです。

1995年の南アフリカ大会で、ジャパンはニュージーランドに17対145で敗れました。それはワールドカップ史上最多失点、1試合最多失トライ（21）記録として今でも残っています。いわばジャパンの〝黒歴史〟です。

その屈辱のイメージを、僕らが勝つことで「南アフリカを破ったチーム」に塗り替えることができたのです。

僕らはエディーさんの下、それまでの4年間、「歴史を変えよう」との思いで、キツイ練習に耐えてきましたが、そのメールをもらった瞬間、「自分たちは本当に歴史を変えた、歴史をつくれたんだ」と実感しましたね。ジャパンの先輩からのメールに僕の胸はジーンとなりました。

現地での反響もすごかったですね。

南アフリカに勝ったあと、オフの日に地元のパブに行きました。軽く2、3杯飲んで帰るつもりが、店内のお客さんが次々に「ジャパンの選手だろ？　オレのおごりだ、飲め」と。気が付いたら20杯くらい飲んでいました(笑)。

中3日はキツかったスコットランド戦

9月23日、第2戦のスコットランド戦はブライトンからバスで3時間ほどかかるグロスターで行われました。

前戦からの間隔は、わずか中3日。ワールドカップで中3日という日程はそんなに珍しいことではないのですが、南アフリカとスコットランドというティア1のチーム相手に、このスケジュールは過酷です。

ちなみにティア1のティアは英語で階層を意味します。イングランド、スコットランド、ウェールズ、アイルランド、フランス、イタリア、オーストラリア、ニュージーランド、南アフリカ、アルゼンチンの伝統と実力を兼ね備えた10カ国・地域がティア1。ジャパンはティア2に属します。いわば国連の常任理事国のようなもので、ラグビーの世界ではこのティア1が非常に大きな力を持っています。

スコットランド戦で、僕はメンバー外でした。試合に出なくても当日は体が重いという感覚がありましたから、それを思えば南アフリカ戦に続いて出場した選手たちは、今までにない疲労感を抱えていたと思います。

南アフリカに勝ったジャパンということもあり、スコットランドの選手たちは目の色が違っていました。前半は7対12と善戦しましたが、後半に大きく引き離され、結局10対45で敗れました。

前半にあげたナンバーエイトのマフィのトライはラインアウトからのドライビング

モールによるものでした。

「スコットランドのモールはここに弱点があるから、変化したモールをつくろう」

ジャパンのラインアウトコーチであるボーズウィックさんのアドバイスが的中しました。これもジャパンの〝準備力〟が発揮された場面でした。

ただ、残念だったのは、後半から簡単なハンドリングエラーが目立ってきたことです。疲労からミスが多くなってきているんだろうなと、スタンドで見ていて感じました。

簡単なミスでボールを奪われ、そのまま独走されるというトライも多かった。ミスさえなければ、もっと違う展開になっていたんじゃないかなと思います。

結論から言えば、スコットランド戦は、中３日でなければ点差はもっと縮まっていたと思います。もっと言えば、この試合が初戦であればジャパンにも勝機があったかもしれません。

ただ、終わったことをあだこうだと言っても仕方がない。スコットランドに負けた僕らはサモア戦に向けて、良い準備をするしかありませんでした。

普通に勝てたサモア戦

続くサモア戦は、中9日と十分な休養をとってから臨みました。

スコットランド戦の3日後に南アフリカとサモアの試合がありました。スポーツバーで酒を飲みながら見ていましたが、僕らが勝った南アフリカがサモアを圧倒していました。いよいよ本領発揮です。

46対6。4トライ以上に与えられるボーナスポイントを獲得しての南アフリカの大勝でした。その強さをテレビで目のあたりにして、「本当にオレたちこのチームに勝ったの?」と、ジャパンのメンバーで顔を見合わせたほどです。

ジャパンが南アフリカに勝ち、日本中が盛り上がっていることは、報道などを通して知っていました。

しかし、スコットランドに大差で負け、その次のサモア戦でまた負けるようなことがあれば、南アフリカ戦の勝利がただのまぐれで片付けられてしまいます。せっかく盛り上がった日本のラグビー熱が、数日で冷めてしまいかねないという危機感がありました。

この試合、僕は先発で起用されましたが、その意味では南アフリカ戦よりサモア戦の方が緊張しました。

10月3日、ミルトンキーンズで行われた試合は26対5でジャパンが勝利しました。

サモアは個の力は強いのですが、チームの規律という面はイマイチ。それを踏まえ、こちらはしっかり規律を守って戦おうと、試合前に確認していました。

サモアはこれまでの経験上、ジャパンに対してフィジカルで圧倒できるという自信があったと思います。それを低いタックルで止め続ければ、向こうはフラストレーションが溜まり、ラフプレーだったり、いらないペナルティーを犯し、勝手に自滅するだろう。僕たちはそう考えていました。

この試合は、相手にシンビン（一時退場者）が複数回出るなど、まさにプラン通りに運びましたね。

エディーさんはワールドカップ前に2つのプランを用意していました。

南アフリカ、スコットランドのように規律がありセットプレーからのプレーを得意としているチーム用のプランと、サモアやアメリカのように個人技で押してくるチーム用のプランです。

キックした後、ボールがどちらに転ぶかわからない状態を「カオス」と呼び、サモアはカオスから個の力でボールを奪って攻撃していくのを得意とするチームというのが、こちらのスカウティングでした。

それに対し僕らは、サモアの個の力を規律あるディフェンスで潰していくことで試合を有利に運ぶことができました。ここでもジャパンの〝準備力〟が功を奏したのです。

サモア戦が終わった後の正直な感想は、「ああ、ワールドカップで普通に勝てるんだ」というものです。

サモアに対し、普通に戦って勝つ――。

以前のジャパンでは考えられないことでしたが、この試合はまさにそれをやってのけたという感じです。ジャパンの実力がアップした何よりの証拠でした。

サモア戦、僕は前半だけの出場でした。実は前半終了間際のプレーで肉離れを起こしていたのです。プレー中に右太ももがピリッときた。その瞬間、「ああ、もう自分のワールドカップはこれで終わったな」と直感しました。

ただ、このときは、前半終了の笛が吹かれるまで交代はしない覚悟でした。

「ケガが悪化してもいい。最後まで走ってやろう」

そう決意してラックに頭を突っ込みまくったことにより、最後はウイングの山田章仁のトライを呼び込みました。〝忍者トライ〟と呼ばれた、相手のマークをスルリとかわす華麗なトライが生まれたのです。

試合中にケガをしていることが相手にバレたら狙われます。だからこのときは悟られないように必死でプレーしました。あとで映像を見たら、足を引きずっているのは明らかで、ケガしたのはバレバレでしたけどね(笑)。

ただ自分から「×」印を出して交代はしたくない。東芝の試合のときもそうですが、スタッフから「まだいけるか？」と聞かれたら「いける」としか答えません。「あとは上で判断してくれ」という思いで僕はいつもプレーしてきました。

サモア戦後、病院でもらった診断結果は、「チームが決勝トーナメントに進んだら、最初の試合に間に合うかもしれない」というものでした。

こうなればやるしかありません。翌日からイングランドの病院へ行って、酸素マシンを使いました。「絶対に間に合わせる」という思いで、病院には毎日通いました。

伝わったサモアの心意気

10月10日、予選プール最終戦のアメリカ戦の前日です。この日、ニューカッスルではスコットランド対サモア戦が行われていました。

この時点で勝ち点16の南アフリカはすでに決勝トーナメント進出を決めており、同10のスコットランドと同8のジャパンが2位を争っていました。

ですから日本にとって、この試合の結果は極めて重要でした。スコットランドがサモアに勝ったら、ジャパンの決勝トーナメント進出の望みは絶たれてしまいます。

スコットランドに大差で負け、サモアには普通に勝った。この日本の結果からすれば、サモアがスコットランドに勝つのは厳しいという見方が成り立ちます。ところがこの試合、サモアが、すごく頑張ってくれました。

敗れはしましたが、33対36。わずか3点差の惜敗でした。

日本の決勝トーナメント進出が叶わなかったのはもちろん残念なことです。しかし、僕たちはサモアに感謝したい気持ちで一杯でした。

サモア代表には、サントリーに所属するスタンドオフのトゥシ・ピシがいました。試合前、そのトゥシ・ピシからサントリーのジャパンの選手に、「オマエらのために頑張る」というメッセージが来たと聞きました。

サモアには他にも日本でプレーしたことのある選手がおり、ジャパンのために頑張る気概を見せてくれました。惜しくも敗れはしましたが、その友情と心意気が十分に伝わる試合をサモアは見せてくれたのです。

最後は何もしゃべらなかったエディーさん

サモアがスコットランドに負けたことにより、翌日のアメリカ戦では勝っても負けてもジャパンの最終戦になることが決まりました。

それでも僕たちのモチベーションは全く下がりませんでした。むしろ最後の試合だからこそ、「いい形で終わって日本に帰ろう」という思いを共有できた。先がないのにしっかり最後を締めようという気持ちになれたのも、あのワールドカップでジャパンが得た財産です。

アメリカにはウイングの松島、藤田慶和のトライなどで28対18と勝利しました。僕はピッチに立つことはかないませんでしたが、ワールドカップ3勝目をしっかり見届けることができました。

ジャパンのプール戦最終成績は3勝1敗で勝ち点12でした。ワールドカップ史上、3勝して決勝トーナメントに進めなかったのは、このときのジャパンだけです。2位のスコットランドとの勝ち点差はわずか2。ボーナスポイントなどでもっと勝ち点を稼いでいれば、との悔しさもありますが、僕としてはやり切った思いの方が強いですね。

この大会はニュージーランドが決勝でオーストラリアを破り、2連覇を果たしました。僕らに負けた南アフリカはそれでも、3位に入りました。さすが2度のワールドカップ優勝を誇る南アフリカです。

この南アフリカにワールドカップで勝ち越しているチームはニュージーランドとジャパンだけだそうです。ジャパンは1回しかやっていない、というオチがつくんですけどね（笑）。

アメリカ戦終了後、ロッカールームのクーラーボックスに入っていたハイネケンをみんなで空けました。宿舎に帰ってからも飲みましたし、次の日も朝から飲み続けました。

これでチームが解散するという最後のミーティングでの出来事です。

「お疲れさま」とか「今日までありがとう」とか、普通はエディーさんから何か言葉があると思いますよね。

ところが、エディーさんは一言もしゃべりませんでした。

これまでのミーティングなら、中心になってあれこれしゃべっていたエディーさんが、です。あっ、でも一言だけありましたね。

「もう俺の仕事は終わったから、あとはお前たち、好きにやれ」

そう言ってくれました。

それまでは、たとえばチームで移動するときに、ちゃんとネクタイを締めていない選手がいれば、めちゃくちゃ怒っていました。それがこのときばかりは、エディーさん自らネクタイを外していた。重荷を降ろしたエディーさんの姿がそこにありました。


今振り返ってみても、エディーさんとの4年間は僕にとってもジャパンにとっても大きな財産です。

そう言えるのも、日本ラグビーの歴史の中でわずか1勝だったワールドカップで3勝を上げるという胸を張れる成績を残せたからです。

正直に言えば、もし3勝できていなかったら、チームの中で暴動が起きていたかもしれません（笑）。

大会前、エディーさんがワールドカップ終了後にジャパンから離れるという報道がありました。

これには内心ホッとした選手やスタッフもいたと思います。もしエディーさんが続投するのであれば、それを理由に代表引退を宣言する人が続出していたかもしれません。

それほど理不尽なまでの厳しい指示に、僕たちは従ってきたということです。だが、そのおかげでジャパンは成長でき、ワンチームになれた。その果実としての南アフリカ戦の勝利であり、ワールドカップでの3勝だったのです。


さて、長々と前回のワールドカップを振り返ったのは、自慢話をしたいからではありません。

ラガーマンにとって、国の代表選手として戦うワールドカップとは、これほど過酷なトレーニングに耐えてでも、出る価値のあるものだということをわかっていただきたいのです。

世界を相手に結果を出すことができれば、選手自身にとっても、日本のラグビー界、ひいては日本の歴史においても得られる財産は計り知れないものだということを、わかっていただきたいのです。

第2章

遥かなるワールドカップ

ワールドカップは遠い世界の話だった

さて、この章では、ワールドカップにつながる日本代表、すなわちジャパンに選ばれ、桜のジャージを着ることに、いったいどういう意味があるのか、そこでどういう風景が見られるのかを、自分の経験を踏まえて語ってみたいと思います。

間近に迫るワールドカップを戦うジャパンのメンバーには、何十回というキャップ数を誇るジャパンではお馴染みの選手もいるでしょうが、もしかしたらほとんど初キャップに近い選手も選ばれるかもしれません。

参考になるかどうかわかりませんが、そういう選手たちに、自分がそういう立場だった頃の話を、この場を借りて少しさせていただければと思います。

ラグビーのワールドカップはやはり特別です。

サッカーのＦＩＦＡワールドカップ、夏のオリンピックと並ぶ世界3大スポーツの祭典と言われるビッグイベントですが、海外に行くとこのことを強く実感します。

世界、とくにヨーロッパにおいてラグビーは、サッカーと並ぶメジャースポーツ。だからこそ国をあげてワールドカップをサポートするのです。

ありがたいことに僕は、これまで2007年のフランス、11年のニュージーランド、15年のイングランドと3大会に出場させてもらいました。その3カ国とも、ラグビーが文化として根付いている国でした。

07年のフランス大会のときは、どこへ移動するにも、チームを乗せたバスを白バイが先導してくれました。道路を全部通行止めにして、出場国のバスを優先してくれたため、渋滞に巻き込まれることもありません。町から町への移動はフランス版新幹線TGVを1両貸し切りにしてくれました。

今振り返っても、非現実的な日々をワールドカップ期間中は送らせてもらえたなと感謝しています。

試合の熱気や雰囲気も、普通のテストマッチとは全然違います。テストマッチはやっぱりテスト。ワールドカップを迎えるために、どの選手が出場するにふさわしいのかをテストするのがテストマッチなんだな、と僕は解釈しています。

「ワールドカップ3回出場、日本代表キャップ数98は歴代トップ」というのが一応僕のプロフィールになるのですが、僕なんかがトップでいいのかと思うほど、僕はラグビーエリートではありません。

それどころか、日本のトップリーグで活躍する選手の多くは、遅くても高校時代にはラグビー部で活躍した選手ですが、僕は福島の清陵情報高校時代は野球部で、大学からラグビーを始めた〝遅れてきた〟人間です。

だから、ワールドカップなんて夢のまた夢の舞台。大学3年のとき、1999年のワールドカップウェールズ大会が開催されましたが、僕には翌日の新聞で結果を知るぐらい遠い世界の話。ワールドカップはもう本当にラグビー界のスター選手たちが出るもので、僕のような弱小ラグビー部でやっているようなヤツにお呼びが掛かる大会では全くなかったのです。

僕が所属していたのは日本大学工学部のラグビー部で、東北地区大学リーグの2部という位置づけでした。190センチのスタンドオフや足だけはめちゃくちゃ速いウイングなど個性的な選手はいましたが、ジャパンに選出されるような選手はもちろんいません。そんな無名チームの僕が名門・東芝に入社できたのは本当に幸運なことでした。

あの出会いがなかったら、ワールドカップはなかった

きっかけは大学4年の春に福島選抜に選ばれたことでした。福島選抜のフォワードコーチだった元ジャパンの薫田真広さん。東芝のコーチだった薫田さんの筑波大学時代の同期生だったのです。

僕は192センチと背が高く、体の割には足もそこそこ速かった。そんな僕を福島選抜のフォワードコーチが目にとめてくれたんです。「福島に面白いヤツがいる」と薫田さんに僕を紹介してくれました。

もし福島選抜でのこの出会いがなければ、僕の人生は今とは全く違うものになっていたでしょうね。たぶん地元・福島で消防士になっていたと思います。在学中は公務員の試験勉強をしていましたから。

入社前に一度参加した東芝の練習は、それはもうキツイものでした。

とにかく当たりが激しい。そのうち、練習中に脳震盪を起こして救急車で運ばれる人が出ました。初めて参加した練習だったので「東芝の練習はいつも救急車が来るのか？」と驚かされました。

実は、僕もその日の練習で肩を亜脱臼したのですが、せっかく参加させてもらったのに途中で抜けるのはイヤだと思い、最後までやり通しました。

しかし、社会人1年目は不安しかありませんでした。

「このチームで本当にやっていけるのか……」

自信は全くありませんでした。しかし、だからこそ何とか付いていかなければという意識がはたらいたのでしょう。人よりも練習に対するモチベーションが高かったのかもしれません。

体が大きい割には走れるほうでスピードにも自信はありました。だが、当たりの強さは大学リーグとは別次元でした。そのため入社したての5月の練習ですぐに肩を脱臼してしまいました。

それはオープン戦でのメンバー入りが決まった矢先のことでした。そのケガの影響で春のオープン戦には全く出られませんでした。この時期は若手がアピールする場なのに1試合も出られなくて、すごく落ち込んだことを覚えています。

1年目の監督はアンドリュー・マコーミックさんでしたが、2年目からは僕を採ってくれた薫田さんが監督に昇格しました。

この頃から「親に見せられない東芝の練習」が始まりました。

薫田さんにはひたすらコンタクト面を鍛えられました。フォワードもバックスも全員、コンタクトトレーニングです。

通常フィットネスと言えば、コンタクトフィットネスとランニングフィットネスと2つあるのですが、当時の東芝はコンタクトフィットネスのみでした。そのため長い距離を走らされた記憶はありません。当たって倒れて、当たって倒れての繰り返しでした。

キツイ半面、まだスキル練習を満足にこなせなかった僕にとっては、逆に良かったのかもしれません。相手の痛いところに体をねじ込むなど、身を呈したプレーは僕の性に合っていたんだと思います。

「来るとわかっているのにやられる」
「東芝に勝つのが一番うれしい」
相手チームからはよくそう言われることがありますが、これは最高の褒め言葉です。

ようやく先発で使ってもらえるようになったのは3年目（2003年）のことでした。東芝に入って初めてタイトルを手にしたのもこの年の日本選手権です。

この年は、現在は16チームで構成される、従来よりプロに近い社会人ラグビーの全国トップリーグが発足した初年度で、東芝府中から東芝府中ブレイブルーパス（現・東芝ブレイブルーパス）とチーム名が変わりました。

トップリーグの初代王者は神戸製鋼、マイクロソフトカップはNECが優勝しました。わが東芝はいずれも準優勝。惜しくも優勝には届きませんでしたが、日本選手権が残っていました。

日本選手権の決勝の相手はリーグ王者の神戸製鋼でしたが、22対10で下し、優勝することができました。チームはタイトルから遠ざかっていたので、これは素直に喜ぶことができました。

同時に、薫田さんが目指す「スタンディングラグビー」が形になった瞬間でもありました。試合後のインタビューで薫田さんが「フォワードとバックスを両方やってくれる大野の存在が大きい」と言ってくれたことも、うれしかったですね。

薫田さんとの出会いは、僕のラグビー人生においてとても大きなものです。

あとで聞いた話だと薫田さんは「4年で大野をジャパンに入れる」と言っていたそうです。そして、本当にその言葉通り、僕は4年目にジャパンに選ばれたのです。

震えた初キャップでの国歌斉唱

初めてジャパンに呼ばれたのは2004年、26歳のときです。その3年後にはワールドカップフランス大会が控えていました。

しかし、大会を迎えるときに僕は29歳。今考えれば、まだ十分に若いのですが、そのときは「29歳までラグビーを続けられるかな？」と思っていたのが正直なところです。そんな僕がその後、3回もワールドカップに出られるなんて、夢にも思っていませんでした。

初キャップは5月に行われたアジア3カ国対抗戦でした。相手は韓国代表。この大会は2007年ワールドカップフランス大会のアジア地区予選を兼ねた大事な試合でした。

秩父宮ラグビー場で試合前に「君が代」を歌ったことはよく覚えています。歌いながら、武者震いではないのですが震えましたね。

よくデビュー戦などで「地に足が着かなかった」などと言う選手がいますが、僕はリザーブからのロックでの途中出場だったため、気持ちを落ち着かせる時間がありました。そのため、それほどガチガチにならずにプレーできました。

この試合、結果は19対19の引き分けでした。今でこそ韓国との間には力の差がありますが、当時はどっちへ転ぶかわからないほどの差しかありませんでした。

当時のジャパンの監督は神戸製鋼にいた萩本光威さん。ジャパンに選ばれたとはいえ、前年に行われたワールドカップメンバーが中心で、僕ら新参者はとても主力には入り込めませんでした。

年齢的には僕とほとんど変わらない選手もいましたが、経験値がまるで違いました。

それでもその年のスーパーパワーズカップで、僕はカナダ、ロシア相手にロックで先発出場を果たしました。がむしゃらに行き過ぎ、いずれの試合もシンビンを食らってしまいましたが、連勝して優勝できたことは、とても良い経験になりましたね。

続いて秋のヨーロッパ遠征にもジャパンに呼んでいただきました。スコットランド、ルーマニア、ウェールズという強豪国とのテストマッチが組まれていて、僕はスコットランド戦に先発しましたが、ほとんど何もできずに前半でベンチに下がりました。試合前、前年のワールドカップでジャパンはスコットランドに善戦していたので、意外といけるのではないか……。そんな根拠のない自信みたいなものがありました。しかし、フタを開けてみれば8対100の大敗。相手にモールをつくられたら、もう止める術はありませんでした。

東芝もモールが武器で、国内リーグでは「止められない」と言われていたのですが、全く逆の立場に立たされたのがこの試合です。相手バックスにも好き放題に走られての惨敗。これにはショックを受けました。

10対25で敗れたルーマニア戦はリザーブ入りこそしたものの出番はなし。さらに、0対98と完敗したウェールズ戦ではコンディションが整わず、僕はウォーターボーイを務めていました。

あまりにも一方的な展開に退屈したのでしょう。スタンドからはパンフレットを折り曲げてつくった紙飛行機が飛び交っていました。この試合、とにかく相手がボールを持てばジャパンはトライを許しまくりの状況。ウォーターボーイとしては味方に何と声を掛けていいかもわからず、オロオロするだけでした。

結局、このヨーロッパ遠征はいいとこなしの3連敗。前年のワールドカップで世界から「ブレイブ・ブロッサムズ（勇敢な桜の戦士）」と呼ばれたジャパンの評価をぶち壊しにするような結果に終わりました。

このときのことは忘れたくても忘れられません。日本はただ負けただけでなく、それ以来ヨーロッパ遠征に呼んでもらえなくなったのです。日本ラグビーに対する申し訳ない気持ちと悔しさがずっと残っていましたね。

エディー・ジャパンのヨーロッパ遠征でルーマニア、グルジアに勝つのはその8年後のことです。リベンジを果たしたことで少しはその悔しさを晴らすことができました。

さて、東芝に入って4年目でジャパンに呼ばれた僕ですが、ジャパン1年目は4キャップ、2年目は3キャップと、なかなかジャパンに定着することはできませんでした。

そして05年秋、ジャパンのヘッドコーチにジャン・ピエール・エリサルドさんが就任すると、とうとう声が掛からなくなりました。

「今回は入らなかったけど、オマエは間違いなく日本一のロックだから頑張れ」

当時、東芝のコーチだった瀬川智広さんからそう励まされ、何とか前を向くことができましたが、自分に足りないものがあるんだと、自分に言い聞かせる毎日でした。

初のキャプテン指名

翌2006年の春からは、ジャパンに再び呼ばれるようになりました。

エリサルドさんの目指すラグビーは、今のラグビーに通じるものがありました。出だしの早いディフェンスでプレッシャーをかけ、「我慢して我慢して取り返したボールを、そして、数少ないチャンスをモノにしよう」と常に言っていました。

一番大事なのは「アダプタビリティー」とも。試合中の適応力をしっかり身に付けるためのキーワードでした。

パシフィック・ファイブ・ネーションズという環太平洋の5カ国で争う大会の途中で、僕はエリサルドさんからキャプテンに指名されました。

キャプテンの浅野良太さんをはじめ、大畑大介さん、小野澤宏時さんらリーダー的な先輩がケガで次々に離脱していたからです。

ニュージーランドの空港に着いて「キャプテンをやってくれ」と言われたときはびっくりしましたね。大学でラグビーを始め、素人同然で東芝に入りましたから、チームでもキャプテンを務めたことなどありませんでした。

当時、東芝のキャプテンは冨岡鉄平さん。「キャプテンと言えば冨岡さん」というほどの強烈なキャプテンシーの持ち主でした。キャプテンについて知ろうとすれば、まずは冨岡さんだろう……。僕は一も二もなく、冨岡さんに相談しました。

「うまくしゃべろうとするな。必要だと感じたことを発すればいい。無理してしゃべってても選手の心には届かない。プレーを見てエリサルドが選んでくれたのだから、オマエは今のままでいいんだよ」

冨岡さんはこうアドバイスしてくれました。それで「今まで通り、体を張ればいいんだ」と自分に言い聞かせ、いつものように試合に臨むことができたのです。

もちろん、ジャパンのキャプテンを任されたことに対する緊張とプレッシャーはありました。でも、幸い同い年のメンバーがいて、「キャプテンをみんなで盛り上げよう」といろいろ助けてくれた。そのおかげで僕はプレーに専念することができたんです。

余談ですが、エリサルドさんはフランス人らしく気分屋なところがありました。一応、門限をつくるのですが、それを破った選手がいてもペナルティーは課しませんでした。実際に門限破りが出たとき、キャプテンの僕はマズイと思って、「どうしましょうか？」と聞きに言ったのですが、「門限は破るためにあるんだ」と平然と言ったのには口あんぐりでした。

パシフィック・ファイブ・ネーションズに話を戻しましょう。

サモア戦は9対53、ジュニア・オールブラックス（ニュージーランドのA代表）戦は8対38で敗れました。

しかし、ジュニア・オールブラックス戦では手応えもありました。ジュニアと言えどもオールブラックスです。しかも試合会場は、アウェイチームがことごとく負けることで「お仕置き部屋」と呼ばれているダニーデンのカリスブルックです。敗れはしましたが、「結構やれるもんだな」という感触が残りました。

さらに帰国後の長居スタジアムでのフィジー戦は15対29。14点差をつけられたものの、途中までは粘ることもできました。これで秋のワールドカップアジア地区最終予選に向けて自信を得ることができました。僕個人としても、サモア相手に当たり負けしなかったことが自信になりました。

武士道のカーワン・ジャパン

2006年秋、エリサルドさんはある問題で協会と揉め、解任されました。こればかりは選手たちがコントロールできる問題ではないので、協会の人に任せるしかないと僕は冷静に状況を眺めていました。

後任に決まったのはジョン・カーワンさんです。

カーワンさんは元オールブラックスのスター選手で、63キャップを持っています。1987年の第1回ワールドカップでトライ王に輝き、優勝に貢献した名ウイングです。日本でもNECでプレー経験がありました。

僕がカーワンさんと初めて会ったのは、04年にイタリア代表ヘッドコーチとして来日していたときです。すごくオーラのある方でしたから、「あの人がジャパンの監督になるのか」と思うと、ちょっと緊張しましたね。

ヘッドコーチに就任してからの初顔合わせは、カーワン・ジャパン最初の合宿となった千葉のエアロビセンターでした。そこでリーダーを4人決めることになり、箕内拓郎さん、大畑大介さん、沢木敬介さんと僕が選ばれました。初のリーダー陣ミーティングですごく緊張したことを覚えています。

カーワンさんはどちらかといえば兄貴分的な存在でした。オンとオフをハッキリさせる指導者で、練習や試合で厳しいことを言っても、オフでは一切、連絡もしてきませんでした。

カーワンさんとエディーさんを比較すると、目指すラグビーの方向性は大きく変わりません。フォワードであれば同じタイミングで走り出し、相手のディフェンスを攪乱する。その精度を高めるために、いかに徹底してやるかを求めたのがエディーさんだったと思います。

カーワンさんは、ニュージーランド人ではありますが、日本の武士道をとても大事にし、武士道の7つの徳目「義・勇・仁・礼・誠・名誉・忠義」をことあるごとに口にしていました。武士道のロゴみたいなものを、練習着に縫い込んだりしていました。

エディーさん同様に、規律を大事にしているヘッドコーチでもありました。フィットネスメニューで少しでもオフサイドをすると、「アゲイン！」とやり直しを命じました。

ある試合の翌日、体をリカバリーするためのプールに来なかった選手がいました。するとその日のミーティングで、試合の反省をする前に、カーワンさんはこう言いました。

「今日の朝、リカバリーに来なかった選手がいた。今度チームとして行動できない選手がいたら、ノーエクスキューズで国に帰す」

グラウンドの中で少しでも気を抜いている選手がいれば、カミナリも落とします。ジャパンとは言っても寄せ集めの集団ですから、何か一本芯を通す必要性を感じていたのだと思います。

香港で行われたワールドカップアジア地区最終予選では、香港に52対3、韓国に54対0で完勝しました。韓国戦は負けたらワールドカップに出場できなくなるというプレッシャーの中での試合でした。

ジャパンに呼ばれてから3年目で、初めてワールドカップ出場権がかかった試合に出場しました。相手がどこであろうと、ワールドカップ予選はシビれますね。勝って出場が決まった瞬間は、心からホッとしたものです。

6キロ痩せたフィジー戦

そして迎えた9月、ワールドカップ2007年フランス大会が始まりました。僕にとって初めてのワールドカップ。初戦の相手は世界屈指の強豪国、オーストラリアでした。僕はベンチ入りしたものの、試合には出られませんでした。

初出場は2戦目のフィジー戦です。カーワンさんは2チーム制を敷いていて、勝つ可能性の低いオーストラリアにベストメンバーで臨むより、勝てる可能性のあるフィジーにベストメンバーをぶつける考えでした。

このことは、大会前の6月のミーティングではっきり告げられました。1戦目を戦うメンバーを「チームオーストラリア」、2戦目を戦うメンバーを「チームフィジー」に分けたのです。僕からすれば両チームに実力差があるとは思いませんでしたが、カーワンさんの考えは違っていたようです。

監督としては結果を追い求める中で、それが最善という判断が働いたのだと思います。ただ選手としては、ワラビーズ（オーストラリア代表）やオールブラックス（ニュージーランド代表）と対戦する機会なんて、一生に一度あるかないかであることも事実なんです。

僕はリザーブに入っていましたが、「何かアクシデントが起きない限り試合には出さない」と言われていたので、複雑な心境で試合を見ていました。

本音は、こうです。

「体が壊れてもいいから、ワラビーズ相手に思い切りプレーをしてみたかった」

オーストラリア戦は、3－91と大敗。残念な結果ではありましたが、カーワンさんからすれば〝想定内〟だったかもしれません。続く、フィジー戦は必勝体制で準備していたので、ある意味、オーストラリア戦よりも大きなプレッシャーがありました。

トゥールーズで行われたこの試合、フランス人のお客さんからすれば両方とも第三国、つまり自分たちには関係のない国でした。にも関わらず日本がフィジーを追い詰めると、会場から「ジャポンコール」が起きました。海外でジャポンコールが起きるなんて、滅多にないことです。

「この試合で死んでもいい」

ワールドカップにはそう思わせる独特の空気があります。

僕は03年のオーストラリア大会には出場していませんが、そのときのロッカールームの様子を映像で見たことがあります。

当時ジャパンの副キャプテンだった大久保直弥さんが試合前、こう叫びました。

「死ぬまで走るぞ！」

ワールドカップにはそう思わせる何かがあるのです。


その言葉通り、ジャパンは死に物狂いで戦いましたが、残念ながら試合は31対35で敗れました。

このフィジー戦の後、試合前に比べて体重が6キログラムも減っていることに気がつきました。大げさでなく、本当に死にそうになり、ホテルに戻ってから点滴を受けました。水を飲んでも吐き気がしてくるほどでした。

「フィジーには絶対勝たないといけない」という強い思いが、知らず知らずのうちに体力の限界を超えさせてしまったのでしょう。幸い次の日には体調が戻り、1日のオフを利用してまちに出掛けると、途中で「オマエら、きのう試合した日本代表だろう？」と声を掛けられ、ビールをご馳走になりました。

フランスというラグビー文化が根づいている国で、弱小国のジャパンも少しは認めてもらえたのか……。そんなうれしさがありましたね。

「もう一度、ワールドカップに出たい」

続く中7日でのウェールズ戦はフランスから離れ、ウェールズへと移動しました。移動は専用機で、パスポートを見せる必要もありませんでした。

ウェールズ戦には特別な感情がありました。2004年に初めてジャパンに選ばれ、遠征した地だったのです。「ウェールズラグビーの聖地」と呼ばれ、過去のワールドカップでも名勝負が繰り広げられた、あのミレニアムスタジアムで試合ができる喜びも大きかった。

しかし、ウェールズはベストメンバーではありませんでした。メンバーを知ったカーワンさんは一人ひとりの部屋にメッセージを入れていました。

「ウェールズはメンバー選考の時点でジャパンをリスペクトしていない。明日はアイツらをスマッシュしろ」

にもかかわらず、結果は18対72の大敗でした。スマッシュされたのはジャパンのほうでした。ウイングの遠藤幸佑と小野澤宏時さんのトライで18得点を奪うのが精一杯。僕はトライに繋がるボールを出しましたが、一方でタックルミスを犯し、大きくゲインされてピンチを招く失態を犯しました。

トライに繋がったパスは目の前のボールを拾って走り、フォローにきた味方に夢中でパスをしただけですが、あのときのパスがいまだに自分の中では最高のパスとなっています。


ウェールズ戦後は再びフランスに戻り、ボルドーでカナダと対戦しました。中4日でしたが、大会最後の試合ということもあり、疲労も特に気にはなりませんでした。

ワールドカップでは下を向いている暇などありません。すぐに次の試合がやってきますから。カーワンさんもそのあたりを考慮して、練習のボリュームを調整してくれました。

カナダとは04年のスーパーパワーズカップで対戦して以来の試合でした。そのときも勝っていましたから、どこかでジャパンより格下のチームという印象を持っていました。しかし、いざ体を当ててみたら、ワールドカップに来るチームは、やはり全然違っていました。

ボールが動き出したらガンガンとゲインしてくるので、こちらも必死でした。試合は終盤まで5対12とリードを許す展開でしたが、最後にウイング平浩二のトライとセンター大西将太郎のコンバージョンで、何とか12対12の引き分けに持ち込みました。

このカナダ戦、ジャパンにとってはワールドカップでの連敗を13でストップした試合でした。簡単には勝てないのがワールドカップです。

同点の瞬間、僕はすでに交代し、ピッチの外から見ていましたが、その瞬間はただの観客になっていましたね。選手たちの喜びの輪に加わると、チームメイトの熊谷皇紀が号泣していました。普段はそんな姿、絶対見せないタイプなのに。

勝てなかったけど、負けなかった。そのときの感覚としては、勝ちに等しい引き分けという感じでした。

この大会で僕は3試合に出場ました。大会直後で一番覚えているのは、そのときの自分の気持ちです。

「次のワールドカップにも必ず出たい」

最終戦の夜にみんなで飲んだ後、夜中、自分の部屋で座って目をつぶりました。

「やっぱりカナダ戦には勝ちたかった……」

そのとき、心の中にしまっていた悔しさがふつふつと湧いてきました。

試合直後は若干の満足感もありましたが、やはりワールドカップは勝たないとダメなんです。それを痛感させられました。

この気持ちを忘れてはいけない、とその場でメモ帳に殴り書きしたことを覚えています。

「引き分けで満足みたいな感じで、みんなと楽しくお酒を飲んだけど、本当は勝ちたかったな。この熱い思いと悔しさを次の4年間も持続しよう」

ワールドカップに一度出たからもういいやではなくて「また出たい」。またあの非日常の空間を味わいたいと、つくづく思いましたね。

第3章

遠かったワールドカップの1勝

スタメンでないときの練習態度こそ大事

2008年は、ワールドカップの翌年ということもあり、ジャパンに新たな選手が何人も入ってきました。そんな中、僕は試合に出られていたので、ある程度自信を持ってプレーしていました。

ところが5月のアジア5カ国対抗で膝十字靭帯を痛めてしまったのです。114対6と圧勝したアラビアンガルフ戦で追いタックルされ、膝を地面に打ちつけてしまったのが原因でした。

今になって考えると、知らず知らずのうちに気が緩んでいたのかもしれません。「練習に集中していない」とカーワンさんから喝を入れられたこともありました。

6月のパシフィック・ネーションズカップ(PNC)では、後半のニュージーランド・マオリ(マオリ族の血統で固めた代表チーム)、サモア戦でメンバーから外されました。

「もっと努力をしなければジャパンに残れない」

このときは、はっきりと危機感を覚えましたね。

秋にジャパンのメンバーはガラリと一新しました。キャプテンの箕内拓郎さんが外れ、東海大のマイケル・リーチ（現在のリーチマイケル。当時はこの登録名）が加わり、菊ちゃん（菊谷崇）がキャプテンになりました。

年下の菊ちゃんがキャプテンになったことで、「今度は自分が支えないといけない」という気持ちになりましたね。それまでは箕内さんに頼ってばかりでしたから。

リーチ以外にも大学生が何人か選ばれ、このときのジャパンは大きく若返った印象がありました。練習は決して楽ではありませんでしたが、僕自身、ジャパンでの経験を積んできたことで、多少なりとも周りを見渡す余裕もありました。

10年のPNCは全試合が海外で行われました。

この頃から僕はベンチスタートが多くなりましたが、気持ちはスタメンもベンチも一緒です。試合に出られずに不貞腐れるのはカッコ悪いし、そういう選手にはなりたくないとずっと思っていました。

もちろん毎試合スタメンで出るつもりで練習に臨んでいます。でも大事なのは選ばれなかったときの練習態度です。どうせやるならチームがプラスになることをしたい。練習中はバチバチやり合いつつも、試合では、いかにチームのために行動できるかを心掛けるようになりました。

マンキチさんの死

この年の4月、信じたくない報せが届きました。

ジャパンの宮崎合宿中にマンキチさん（渡邉泰憲）が不慮の事故で他界されたのです。マンキチさんは東芝、ジャパンの先輩で、とてもお世話になった方です。まだ35歳。信じられませんでした。

僕が東芝で試合に出るようになると、たくさんのアドバイスをいただきました。試合では、困ったらマンキチさんにボールを預ければ、どうにかなると思わせてくれるほど頼もしすぎる存在でした。

「東芝はラインアウトが弱点だ」

そう言われていた時期には、寮の部屋で対戦相手のビデオを観て分析し、食事に行くというのが日常になっていましたが、それもマンキチさんがセッティングしてくれたものです。

お酒の飲めないマンキチさんですが、食事にはよく連れて行っていただきました。飲めなくても皆と同じテンション。真剣な話も、バカバカしい話もたくさん付き合ってもらいました。

以前、僕が「引退後は東北の方に転勤することを考えている」という話をすると、マンキチさんは知人で東北支社と取り引きのある人との食事をセッティングしてくれ、「オマエは座っとけ」と、注文や雑用などすべてマンキチさんがやってくれました。自然とそういうことができる、とても面倒見のいい先輩でした。

06年にワールドカップ最終予選で香港に行ったときには、マンキチさんの高校の同期生で、現地に住む人に連絡していただきました。

「東芝の後輩が行くからよろしくな」

マンキチさんの紹介で会ったその方とは、今でも親しくさせていただいています。

マンキチさんは08年のシーズンを最後に現役を引退されましたが、ラグビー部から離れた後も、マンキチさんの出張とチームの遠征が重なれば、必ず差し入れをしてくれました。

僕がジャパンで箕内拓郎さんや伊藤剛臣さんと仲良くさせてもらえるようになったのも、マンキチさんのおかげです。マンキチさんが2人と食事に行く際には、必ず僕も誘ってくれました。それがきっかけで親交を深めることができたのです。

このようにマンキチさんは、人と人とをつなぐことができる素晴らしい人でした。訃報が届いた日、ジャパンで一緒にプレーしたことのある伊藤剛臣さんは、相当飲んだようです。

「マンキチの分も飲むから」

やり場のない怒りや寂しさが、その声から伝わってきました。

「オレらも悔しいけど、アイツが一番悔しいと思う」と泣いていましたね。

翌日の練習前、カーワンさんは全員に円陣を組ませ、「実はジャパンの先輩、マンキチが亡くなった」と話しました。

菊ちゃんは「東芝の選手がそれを聞いてもパフォーマンスを下げることなく練習していたのがすごい」と感心していましたが、あのときはまだ実感が湧かなかったというのが本当のところです。

4月10日の通夜、東芝の選手たちは合宿を早めに切り上げて参列しましたが、そのときになってようやく実感が湧き、悲しみがこみあげてきました。

通夜が終わった後、ジャパンの選手たちと一緒に朝まで飲み明かしました。

葬儀の日も飲みました。僕は府中の居酒屋で号泣し、気がつくと、チームメイトの吉田朋生の部屋に転がり込んでいました。

故郷を襲った東日本大震災

2011年3月11日、僕は2日後に地元・福島の郡山市で行われる講演に向け、原稿を整理していました。

すると、突然グラグラと揺れ始めました。地震はそんなに珍しいことではありませんから、最初は「揺れてる」と思う程度でしたが、その揺れは収まる様子もなく、むしろどんどん大きくなっていきました。

これは何事かと家から出ると、信号機が激しく揺れていました。近所の人たちも外に出てきていました。そのうち揺れも落ち着き、家に戻って1時間ほど作業を続けました。

僕はまだ状況がわかっていませんでした。

ふとテレビをつけると、そこに映し出されている凄まじい映像に言葉を失いました。

「これはただごとじゃない……」

慌てて実家に電話すると、運よく繋がり、母親と話すことができました。

「冷蔵庫が違う方向に向いていたり、テレビがテレビ台から落ちたけど、私は大丈夫だよ」

その言葉を聞き、ホッとひと安心したことを覚えています。

夜になると、近所の道路は徒歩で自宅へ向かう人たちで溢れていました。近くの線路の踏切は上がらず、大渋滞です。

翌日、宮城・気仙沼市が津波で大きな被害を受けたと知り、気仙沼出身のサントリーのハタケ（畠山健介）に「オマエの家は大丈夫か？」とメールしました。ハタケからは「家が流されました」と返信がありました。

「大変なことが起きている……」

予定していた講演はもちろん中止になりました。会場の体育館はひび割れし、講演などできる状態ではありませんでした。

それからしばらくして福島第一原発が爆発しました。

「オマエの家は大丈夫か？」

周りからは心配の声が届きましたが、福島に行こうにも、電車も動かないような状態。どうすることもできない状況に、一人悶々としていました。

「ここでできることを考えよう」

ただただ、そう考えるしかありませんでした。幸い府中市には東芝、サントリーというラグビーチームがある。「だったら、みんなで義援金の募金活動をしよう」。そう思い立ち、会社に掛け合いました。

ちょうど府中市の隣の調布市にホームスタジアムを置くサッカーJリーグのFC東京の選手たちも募金活動を始めるところでした。府中市には東芝とサントリーのほかにも、JBL（当時）のトヨタ自動車バスケットボール部、フットサルFリーグの府中アスレティックFCもあります。

「だったら5つのスポーツクラブ合同でやりましょう」という話に発展し、僕もその活動に参加させていただきました。


3月末には炊き出しにも参加しました。調布の「味の素スタジアム」にいわき市の方々が避難していました。福島県出身の元プロ野球選手・中畑清さんが仲の良いスポーツ選手を集め、炊き出しをすることを知りました。

「ぜひ参加させてください」

中畑さんは僕の申し出を快く受け入れてくれました。

ここで思ったよりも元気な皆さんの姿を見ることができ、安心しました。でも炊き出しは1日だけだったので、もっと何かできることはないかとやりきれない思いも抱えながら、その日を終えました。


4月初旬にジャパンの合宿が予定されていましたが、キャプテンの菊ちゃんから電話が掛かってきました。

「このまま予定通り合宿をしても大丈夫でしょうか？」

菊ちゃんは「東北出身者の意見が聞きたい」と言いましたが、僕は自分よりもハタケの方が心配だったので、「ハタケの意見に従うよ」と応えました。

「予定通りやってください。中止になっても気仙沼に行けるわけではありません。代表合宿がひと段落ついてから行きます」

ハタケはこう応えたそうです。

僕は菊ちゃんとハタケの気持ちの強さ、そして心遣いに感謝しました。

ようやく実家に帰ることができたのは4月17日のことでした。

その日、予定されていたセブンズの国際大会は震災の影響で中止、代わりに行われた秩父宮ラグビー場での募金活動のイベントに参加し、その後、福島に戻りました。

郡山に着くと、高校時代の友人たちが集まっていました。

JAに勤めていた友人によれば、地震が起きたとき、課長が「全員、外へ出ろ！」と命じたそうです。

友人は「そんなに大げさなことじゃないだろう」と思いながらも、外に出たらしい。

すると揺れは段々強くなり、目の前で職場が崩れ落ちたというのです。

僕の実家にも震災の爪痕は残っていました。

蔵の壁が崩れ落ちており、家自体にもヒビが入っていました。古い農機具をしまっておく小屋は完全に潰れていました。近所には屋根の瓦が落ち、ブルーシートを被せて凌いでいる家もたくさんありました。

僕が目にしたのはあくまで近所だけの被害ですが、母親は「もっと被害が大きかった人もいる。私たちは住むところがあるだけ幸せだ」と言っていました。

原発事故の影響で、実家の牛乳が出荷停止になった時期もありました。毎日乳を搾らないと牛は病気になるので、搾った牛乳を捨てなければならない状況がひと月ほど続いたようです。仕方のないことではありますが、親から聞いて胸が痛くなりました。


福島県出身の僕としては、あの大震災への思いは今でも抱え続けています。

大変な状況の中、僕にできることは限られています。ただそれでも、少しでも人の役に立ちたいという思いから活動してきたのは、やはりラグビーをやっていたおかげです。ワン・フォー・オール、オール・フォー・ワンの精神が僕にも宿っていたのかもしれません。

「ワールドカップでも勝てる！」

この年もジャパンでの僕は、リザーブ中心の起用が続きました。先発で試合に出たい気持ちはやまやまですが、前年からチームの形が出来上がりつつありました。監督に「途中からいってチームを勢い付けてくれ」と言われれば、その役割を全うするのがラガーマンの務めです。

カーワンさんから直接、ダメ出しをされたのは、6月の東日本大震災の復興支援のためのチャリティーマッチのときです。トップリーグ選抜と対戦した試合で、僕はチームの決め事を守れず、簡単なボールも取れなかった。僕の中では100％の力を発揮したつもりでも、映像には、カーワンさんに指摘された通りの甘いプレーが映っていました。

その1週間後のPNC初戦のサモア戦はメンバー外でした。勝利したトンガ戦、フィジー戦は途中出場し、2勝1敗でトンガに並びましたが、当該チームの勝敗でジャパンの初優勝が決まりました。

優勝を決めたフィジー戦は、僕にとって日本代表50キャップ目の記念すべき試合でした。カーワンさんから「大野、来い！」と言われ、優勝トロフィーにシャンパンをまるまる1本注いでもらい、飲ませてもらいました。

PNCの第1回目が行われた06年大会では、トンガ、フィジー、サモアに惨敗し、最下位でした。そうした過去を知っている僕にとっては、この大会で優勝するなんて夢のまた夢。まさか優勝カップでお酒が飲める日が来るなんて、信じられない気持ちでした。


「ワールドカップでも勝てる！」

この優勝を経験したことにより、そんな自信が徐々に芽生えていきました。

ワールドカップ直前にはイタリアで合宿を行い、前回のフランス大会同様、イタリアの胸を借りました。

スクラムでは押されましたが、結果は24対31。1トライ、1ゴール差の敗戦でした。4年前にイタリアと対戦したときは40点差、50点差での完敗でしたから、この結果には手応えを感じることができました。

僕自身はメンバー外でしたが、ここでも「世界に手が届くところまできている」との思いを強くすることができたのです。

リスペクトしすぎた初のオールブラックス戦

カーワン・ジャパン2度目のワールドカップは、「2勝」を目標に本番に臨みました。

9月10日のフランス戦。僕はリザーブにこそ入ったものの、出番はありませんでした。ジャパンはフランスに21対47で負けました。

ナンバーエイトのコリー（ホラニ龍コリニアシ）の負傷退場が響きました。前半は11対25と食らいつきましたが、終盤に引き離されてしまったのです。

それから中5日で迎えたオールブラックス戦。この試合はハミルトンで行われました。前述したように、ハミルトンは03年に僕が留学した地です。東芝が遠征し、試合を行った会場であることに加え、東芝でプレーしたことのあるスコット・マクラウドの故郷でもあります。

滞在中には以前、ホームステイした家へ挨拶に行って、試合のチケットをプレゼントしました。当時、お世話になったご家族に会うことで、緊張の日々が続く中、安らぎを得ることができました。


4年前と同様に、このワールドカップでもジャパンは2チーム制を敷いていました。07年のときの僕は必勝を期したフィジー戦にAチームのメンバーとして出場することができましたが、4年後のニュージーランド大会はBチームでした。

もちろん選手としては、「Bチームは負けてもいいメンバー」などという気持ちには到底なれませんし、なってはいけません。Aチームではないからといって、適当なプレーは許されないのです。

ワールドカップという舞台に立てることを、誇りに思うこと。そして目の前の試合に100%の力を出し切ること。そこにAチームとBチームの違いはありません。

ジャパンがBチームで臨んだオールブラックス戦。僕にとっては初めてのオールブラックスとの試合でした。

それまで映像でしか見たことない相手で、オールブラックスがどんなチームかは、想像の中にしかありませんでしたが、もちろん、その名は轟きまくっていましたから、心に期するものはありました。

今振り返ると、あのときの僕たちは、オールブラックスを過大評価し過ぎていたように思います。結局、83点も取られての大敗でしたが、試合後の率直な感想は、「このレベルの相手と2年に1回でも試合をしていたら、結果はもっと変わっていたな」というものでした。

決して負け惜しみではありません。カーワンさんからは「相手をリスペクトし過ぎるな」と言われていましたが、「オールブラックス」という名前の前に、自分たちは萎縮してしまっていました。

その結果、普段しないようなミスを連発し、イージーなトライを取られ、徐々に点差が広がっていきました。

オールブラックスは速い、巧い、強い――。

実際に戦ってみて、確かにそう感じましたが、手も足も出ないというほどの実力差は感じませんでした。

それでもセットプレーはボロボロにやられました。当時のジャパンは今ほどスクラムに力を入れていなかった。押し勝つことや押し負けないことよりも、どれだけ速く球を出せるかということにフォーカスしていました。だから崩されながらも、なんとか球だけは素早く出せていたのです。


繰り返しますが、点差ほどの実力差はない――。これがオールブラックスと戦った率直な感想でした。

一例をあげましょう。ディフェンスでプレッシャーをかけ続けたことによって、向こうがパスミスをしたときには、ちょっとした手応えを感じました。

後半17分、それをウイングの小野澤宏時さんがインターセプトしてトライに結び付けたのです。

こちらがプラン通りのディフェンスをしたことで、オールブラックスにゲインを許さなかったという場面もありました。

またボールをキープし続けて、相手のゴールラインまで迫る場面もありました。ただ、そこで簡単にノックオンやイージーなパスミスを連発して、こぼれ球を拾われてしまった。これは明らかな失敗です。

試合後、カーワンさんは恒例のレビューで一つひとつのプレーを検証していきました。

「もしここで、このパスミスがなかったら、こういう展開でトライまで行けた。だからここで7点取れていたはずだ」

「ここでイージーなディフェンスミスがなかったら、このトライは防げた。だから、このトライはなかった」

「プラン通り、ミスなくやれていれば、こういう点差でオマエたちは勝っていたはずなんだ」

敗因を的確に分析してくれました。

自分たちがきちんとプレーできていたら、ここまでの大差にはならなかったということですが、裏を返せば、それをなかなかやらせてもらえないのが、ワールドカップです。それを痛感した一戦でした。

届かなかった1勝

9月21日の第3戦はトンガ戦でした。プール戦は残り2試合。ジャパンの目標である「2勝」のためには、絶対に負けられない戦いでした。僕はベンチスタートでした。トンガにはPNCで5年間、負けたことがありませんでしたから、ジャパンは自信をもって臨みました。しかし、このワールドカップでのトンガは違うチームになっていました。

一方、ジャパンのほうは目標達成のために「勝ちたい」「負けられない」という意識が空回りしていました。

試合開始直後のキックオフでいきなりのミス。そこから自陣に攻め込まれ、トライを奪われました。何度も練習してきたサインプレーでミスをしたのは、硬さがあったからだと思います。

僕は後半16分、13対28の場面からピッチに入りました。体のぶつけ合いで負けたとは思いませんでした。ジャパンの形で攻めていけば、早めにトライが取れたはずです。

追いつく時間も十分に残っていました。

しかし、すでにチームには焦りが見え、ふだんのプレーが落ち着いてできていませんでした。結局、1トライしか返すことができず、18対31で敗れました。

これで予選敗退が決まりました。


残るはカナダ戦。4年前は引き分けに終わった相手です。

ワールドカップでは落ち込んでいる暇などありません。負けても顔を上げて次の試合に向かっていくしかありません。精神的なタフさが求められ、それができるメンバーしか立てないのがワールドカップという舞台です。

カナダ戦を前にした最後の練習では、スタッフが選手たちの疲労を考慮し、調整気味のトレーニングを予定していました。

しかしリーダー陣はカーワンさんに頼み込み、激しいコンタクト練習に切り替えてもらいました。「このままでは日本に帰れない」という思いが、そうさせたのだと思います。

トンガには気迫で負けていました。その反省もあり、思い切り体を当てるトレーニングを志願して行うことで、気持ちを吹っ切ろうとしたんです。

「この試合に勝ちたいんだ」

カナダ戦前、ロッカールームで菊ちゃんが泣きながらチームメイトに訴えました。菊ちゃんの言葉でみんなが一つになり、試合の入りもうまくいきました。

前半はフッカー堀江翔太、ウイング遠藤幸祐のトライなどで17対7と10点のリードを奪いました。ベンチスタートだった僕は後半24分から出場しました。

チームにトンガ戦のような焦りや硬さは見られませんでしたが、ここからカナダの猛攻に遭います。そして後半35分に3点差まで迫られると、最後の最後にとうとう追いつかれてしまいました。

残念ながら、これがワールドカップ。またしても僕たちはカナダに勝てませんでした。

試合後、バックスタンドに挨拶に行きました。隣に立った菊ちゃんが顔をくしゃくしゃにして泣いているのを見て、4年間、キャプテンとして背負ってきた重圧を垣間見た気がしました。

大会期間中、いろいろな方からメールをいただきました。

中でも箕内さんからのメールには励まされました。箕内さん自身、ワールドカップで2度キャプテンを務めたことがあります。

メールは試合ごとに必ず送ってくれました。

フランス戦のときは「(オマエを) なんで (試合に) 出さないんだ。スタッフに抗議してやる」、オールブラックス戦のときは「生き様を見せてくれ」でした。

トンガ戦後は「JK (ジョン・カーワン) がナーバスになりすぎていないか」とチームを心配する内容のメールも届きました。

カナダ戦の後はこうでした。

「お疲れさん。結果は出なかったけれど、良いものを見せてもらいました」

カナダ戦の夜は日本協会の方たち、日本から応援に来てくれた人たちと残念会を開きました。

最後は街の飲み屋に集まり、明け方まで飲み明かしました。4年間を振り返りながら、一緒に戦った仲間たちと飲んだビールは何物にも代え難い味でした。

あの悔しさが3勝につながった

結局、ニュージーランド大会の結果はフランス大会と同じ3敗1分け。でも、前回と違ったのは、このときは悔しさしか残らなかったこと。逆に言えば、この悔しさが次に進むモチベーションになったんです。

チームの目標を「2勝」に置いたことに対しては賛否両論がありました。あえてカーワンさんを弁護すれば、決して彼は日本の実力を低く見積もったわけではありません。彼は現実主義者なのです。

20年間で1勝しかしてないチームが「2勝」を目標に掲げることは間違っていません。PNCの優勝などで着実に力をつけてきたとはいえ、「3勝」は遠い目標でした。

ともあれ、カーワンさんは僕をジャパンに選び続けてくれました。親交のあるスポーツジャーナリストの二宮清純さんが、「選手にとって一番いい監督は、結局、自分を使ってくれる監督」と語っていましたが、あれはつくづく本当だと思います。

どのチームにとっても、ワールドカップはプラスアルファを引き出してくれる特別な場所です。ジャパンがその中で勝利を得るには、もう1段階上の何かが必要だったということかもしれません。

そして、それはヘッドコーチをはじめとしたスタッフ陣がつくるものではなく、選手一人ひとりがつくり出さなければならないものなのです。

「このチームで勝ちたい」

自らが身を置くチームへの揺るぎない忠誠心を持たない限り、ワールドカップでは結果を出せません。

3月に東日本大震災が起きてからは、ワールドカップで結果を残すことで日本にいい報せを届けたい――。その一心で頑張っていきました。とくに「福島県出身者も頑張ってるぞ」との思いが強かった。

しかし、その思いは叶いませんでした。

大会を振り返ると、ニュージーランドはラグビーが国技です。どこに行ってもお祭り騒ぎでした。そこに主役の一人として参加していることは、とても感慨深いものでした。

同時に、この大会で悔しさだけが残ったことは、間違いなく次の2015年ワールドカップにつながったと思います。

2015年、2勝を飛び越えて3勝という成果を得ることができたのは、このときの悔しさを抜きにしては語れません。

世界との差は確実に縮まっていることを実感しながら、それでもワールドカップでの1勝が遠かった歳月。そして3勝という結果を残した前回のワールドカップ。

今後、日本ラグビーの歴史をどうつないでいくか。日本のワールドカップの歴史に3度も関わった人間として過度な期待は禁物だと自戒しながらも、ジェイミー・ジャパンへの期待を抑えきれないのも事実です。

第４章

ジャパンの誇り

強靭な足腰の鋳型

1978年5月6日、僕は福島県郡山市で生まれました。姉がふたり、弟がひとりの4人きょうだいです。両親と祖父母を含め8人で暮らしていました。生まれたときの体重は4100グラムもあり、地区の中では大きいほうでした。家は田んぼと山に囲まれていました。春は桜が咲き誇り、夏はセミとカエル、そして秋は鈴虫の鳴き声が聞こえるまちでした。このような自然溢れる環境の下、僕はすくすくと育ちました。

実家では乳牛を10数頭飼っていました。僕は保育園に通うころから、毎朝搾った牛乳を近所に配る手伝いをしていました。

皆で乳牛の世話をしながら、家族は助け合って暮らしていました。

家では米もつくっていました。秋の収穫期は、とても忙しかった。牛の餌にもなるので、収穫した藁を全部干し、それを束ねてビニールハウスに保管するまでの作業はひと苦労でした。

かつて、ニュージーランドの選手にとって農作業はラグビーのトレーニング代わりだったと聞いたことがあります。僕も小さいころの家業の手伝いが、今にして思えばトレーニングだったのかもしれません。

祖父は鶏を飼育しており、僕は毎朝採れたての卵を食べていました。母親は畑作業に従事していました。そのため季節ごとの野菜が家の畑にはありました。ヨーグルトやチーズも自前です。家で搾った牛乳からつくっていました。

僕の体は家で採れた米や牛乳、野菜によってつくられました。そのおかげなのか、大きな病気をしたことがありません。

子供のころはソフトボールやサッカー、キックベースが主な遊び。小学校に入ってからは持久走大会でいつも学年1位でした。短距離でもリレーの選手に選ばれていましたから、そのころから足は速いほうだったと思います。

小学4年のとき、元高校球児だった父親の勧めで、地元にできたばかりの野球チームに入りました。母親によれば、父親は軟式野球で全国大会準優勝の経験もあったそうです。筋骨隆々で足が速く、町内の運動会でも目立っている父でした。

巨人ファンの父の影響もあり、僕も自然と巨人ファンになりました。原辰徳さん、桑田真澄さん、斎藤雅樹さん、槙原寛己さんたちが僕のアイドルでした。中畑清さんは福島県出身なので、地元の野球教室があれば、喜んで駆け付けてくれました。そんな思い出もあり、野球は今でも大好きなスポーツです。


中学校は家から3キロメートルほどの距離にあり、40分から50分ほどかけて徒歩で登校していました。吹雪いても徒歩で通学です。車で送り迎えをしてもらう同級生たちもいましたが、僕の家は乳牛の世話がありましたから、そうはいきません。今思えば、学校への登下校で足腰が鍛えられたのだと思います。

中学に入ってから新聞配達をはじめました。雪が積もって自転車に乗れないときは、走って配達です。これは中学・高校の6年間に渡って続けました。

小学校のスポーツ少年団時代は人数も少なかったので、レギュラーとして使ってもらえていましたが、中学の野球部ではずっと補欠でした。強豪校ではなかったにもかかわらず僕は3年間、ずっとベンチを温めていました。

肩には自信があったため、ポジションは主に外野でした。当時は学校から帰っても素振りや筋トレで体を鍛えていました。トスバッティング用のネットを買ってくれるほど、父親は熱心でした。

しかし、他の人より努力した自信はあったものの、それを試合で生かすことはできませんでした。父親が観に来たときも活躍できず、申し訳ない気持ちになったことを覚えています。

そのときの申し訳なさと悔しさ。これがラグビーを始めてからのモチベーションにつながっています。

中学卒業後は清陵情報高校に進学し、高校でも野球部に入りました。学校は家から8キロの距離で、自転車で通学しました。新聞配達後に登校し、野球部の朝練習に励む毎日でした。

部員は各学年約20人、計60人ほど。しかし、そこでもレギュラーの座をつかむことはできませんでした。3年生になってようやくベンチ入りできたぐらいで、1、2年生のときにはベンチにも入れませんでした。

このころも「まずは野球がうまくならないといけない」との思いで、練習が終わってからも必ず自主練に取り組んでいました。人一倍努力をしていたとの自負はありましたが、残念ながら、結果にはつながりませんでした。

僕が1年生の秋、チームは東北大会でベスト4入りし、翌年のセンバツ出場を果たします。僕も甲子園に行きました。でも、立ったのはグラウンドではなくスタンド。うれしさと悔しさが入り混じった複雑な気持ちでした。

3年生の最後の夏は、「また甲子園へ行こう!」とチームの皆で励まし合いましたが、県ベスト8で終わりました。最後に負けた試合でも僕には出番は巡ってこず、ベンチから声を出し続けていました。

ラグビーとの出会い

大学は地元郡山の日本大学工学部に学校推薦で入学しました。このときは漠然と、就職も郡山だろうなと考えていました。まさか日大工学部で、その後の人生を大きく変える出会いがあるとは思ってもいませんでした。

大学でも野球部に入ろうと、何気なくキャンパスで野球部が勧誘している場所へ向かいました。

すると、突然、体の大きな学生ふたりに両脇をつかまれ、ラグビー部の勧誘ブースに連れて行かれたんです。

「ここに住所と連絡先を書いてくれ」

「自分は野球部に入るつもりなんです」

「1回でいいから練習に来てくれ」

困った僕は「見るだけなら」という軽い気持ちで、ラグビー部が練習するグラウンドに行ったのです。

初めてラグビーの練習を見て感じたのは、部の雰囲気の良さです。練習はキツそうだったけど、先輩たちがラグビーを楽しんでいるのは、見ていて十分に伝わってきました。

そこで「あの先輩たちの仲間に入ってみたい」という思いが芽生えたのです。

ラグビーは体をぶつけ合い、ボールを奪い合うスポーツ。そこには非日常の世界が広がっていました。

始めたばかりのころはルールすらわかりません。素人の僕はボールをひたすら追いかけていました。

ポイントまでいったらボールが出て、またボールを追いかける、の繰り返し。最初のポジションはフォワードのロックでした。当時の体重は90キロあるかないかで体はひょろっとしていましたが、スタミナには自信があり、とにかく走り回っていましたね。

「これからもラグビーを続けていこう」

5月には、そう腹を決めました。気が付かないうちにラグビーの虜になっていたんです。

ルールすら知らない素人ゆえ、まずは皆に迷惑をかけないようにしよう、と控えめに頑張っていました。ルールは花園経験者の先輩たちが丁寧に教えてくれました。

当時の部員はギリギリの人数でした。僕が4年生のときには17人くらい。ケガ人が出たら、どこのポジションでもやらなければいけません。僕も毎年ポジションが変わりました。最初はロックでスタートしましたが、ウイングやフランカー、ナンバーエイトも経験しました。

ラグビー自体が楽しかったので、ポジションはどこでも構いませんでした。それにいろいろなポジションを経験できたことは、素人がラグビーを覚えるには、とてもラッキーな環境だったと言えるかもしれません。

走るプレーが持ち味

僕のプレーの持ち味は、昔も今も変わりません。とにかく「走る」ことです。

野球をやっていたときは、誇れるものなどありませんでした。体が大きかったので、長打力をつけようとバットを振り込みましたが、なかなかボールが当たってくれません。センスがなかったんでしょうね。

ラグビーはボールにバットを当てるようなセンスは必要ありません。「巧いプレーはできなくても、とりあえず走ることだけは負けない」。こういう選手でも居場所があるのがラグビーのいいところです。

走力は農作業の手伝いや新聞配達で鍛えられた足腰が生きたのだと思います。

小学1年の夏休み、父親からは「毎朝走れ」と命じられました。父親としては、できれば将来はプロ野球選手にしたいという思いがあったのかもしれません。そのために足腰を鍛えさせたかったのだと思います。

学年が上がるたびにその距離は延びていき、夏休み、冬休みは毎朝のランニングが日課となりました。高校に入ってからも長い休みのときには、個人的に走っていました。高校3年の夏に野球部を引退してからも走ることはやめませんでした。

「今度こそレギュラーになってやる!」

その思いで、ただひたすら走っていました。そのときは大学でも野球を続ける気で走っていたのです。それがひょんなことからラガーマンとなってからも僕のベースになっています。

大学でラグビーを始めてからも走る練習は多く、自然と足腰が鍛えられました。ラグビーの戦術的な練習にはついていけなくても、走る練習だけは先輩たちにも負けませんでした。

「大野が入ると走り過ぎるから、チームの攻撃がめちゃくちゃになる」

フランカーでプレーしていた頃、当時のキャプテンが頭を抱えながら、僕に不満をぶつけました。

当時はその意味がよくわかりませんでしたが、今ならわかります。本来フランカーがいなければいけないポジションに僕はいなかったんです。そのくらいラグビーのことを知らなかったんです。

長持ちの秘訣

よく、41歳まで現役を続けていることの秘訣を聞かれることがあります。

「ラグビーを始めたのが遅いから、辞めるのも遅いんだろう」

周りからはこう言われていますが、僕自身、この年までラグビーを続けられるとは思ってもいませんでした。26歳で初めてジャパンに選ばれてから、10年後もジャパンでプレーしているなんて、誰が想像できたでしょう。

長持ちの理由、まずは大きなケガをしなかったことでしょう。先述したように僕は高校まで野球をやっていましたし、実家が農家だったので農作業の手伝いもしていました。それである程度、体が出来上がった状態でラグビーを始めたことが、ケガの少なさに結び付いているのかもしれません。

もう一つは、とにかく練習を休まないことです。

「今日の体調はどうだ?」と、トレーナーは僕に聞き、練習量をコントロールしてくれますが、なるべく「今日も問題ないよ」と答えるようにしています。

気持ちの問題もあります。人間、一度ラクを覚えてしまうとまたラクをしたくなる。そういうものだと思うんです。僕も普通の人間ですから、そうならないようにするには、休まないことが一番なんですね。

所属チームで常にレベルの高いライバルたちと競い合ってきたのも、長く続けていられる理由のひとつだと思います。

東芝では梶川喬介、小瀧尚弘、松田圭祐ら若手たちと、サンウルブズでは真壁伸弥、リアキ・モリ、宇佐美和彦といった選手とロックのポジションを競い合っていました。

ジャパンでは、熊谷皇紀、木曽一、トンプソンルークや伊藤鐘史と先発を争ってきました。優秀な選手たちと高いレベルで競い合い、互いに切磋琢磨することで、自分のモチベーションも高まるし、能力も伸びていきます。

さらに言えば、ただ競い合うだけでなく、チームの勝利という同じ目標に向かって苦労を分かち合い、同じ喜びを分かち合うこともできます。そうしたもののすべてが、自分のモチベーションを支えてくれています。

現役を長く続けていると、対戦相手との交流の思い出も蓄積されていきます。ジャパンではパシフィック・ネーションズカップで毎年フィジー、サモア、トンガと対戦してきました。それらの国から日本のトップリーグにやって来た選手たちとは特に仲がいいですね。

僕が試合に出ていなければ「ケガでもしているのか？」と心配してくれますし、対戦を楽しみにしてくれているんだなと、うれしく感じます。

スーパーラグビーのサンウルブズでレッズと試合したときは、前に福岡サニックスブルース（現・宗像サニックスブルース）にいた元オールブラックスのロック、ブラッド・

ソーンが話しかけてくれました。対戦相手の選手ともどんどん繋がりができていくことも、ラグビーの魅力だと思います。

長持ちの秘訣はまだあります。僕のプレーは東芝で薫田真広さんの下、スパルタ式の指導を受けたことが礎となっています。

「ラグビーはフォワード勝負」

「どんなにいいバックスを揃えていても、フォワードが体を張れずにボールの争奪戦で負けたらチームは機能しない」

薫田さんから教わったこの考えは、今でも僕がプレーする上でのベースになっています。

ラグビーにおけるフォワードの選手は、頭がSで、体がMだと言われます(笑)。キックオフの笛が鳴ったら、もうボールに向かって一心不乱に行くだけですから。

勝てるチームはフォワードとバックスが、いい意味で張り合っているように感じられます。フォワードが「これだけやっているんだから、オマエらもやれよ」とバックスに要求することがあれば、その逆もあります。

単なる仲良しクラブより、お互いに満足しない環境のほうが間違いなくチーム力は上がっていきます。昔の東芝がそうでした。

精神的に強い人は、追い込まれながらも、「これは重要だ」と自らに言い聞かせ、ハードワークを楽しむことができます。一方でメンタル的に弱いと、物事を嫌々やり、勝手に追い込まれていってしまうんです。

どうせキツイ練習をするのであれば、追い込まれるのではなく自分で自分を追い込む——。これができるかどうかが大事です。「追い込まれる」と「追い込む」の違い。本人がポジティブにとらえているのか、ネガティブにとらえているかで、結果は全然違ってきます。

ラグビーにおいても、キツイ練習をどれだけ自分に必要なこととして前向きにとらえられるか。それを「修行だ」と思い、「これで自分はまた強くなれる」と信じることが大事だと思います。

ロックの理想像

僕がジャパンの一員になれたのはポジションがロックだったからでしょう。バックスのスクラムハーフやスタンドオフは、小学生ぐらいから始めていないと必要なスキルが身に付きません。フォワードでもプロップはスクラムのスペシャリストの技術が、フッカーであればスクラムに加え、ラインアウトのスローの技術が必要です。

誤解を恐れずに言えば、ロックは10個あるポジションの中で最も技術を必要とされないポジションだと思います。

ここで一人の恩人を紹介します。僕がここまで成長できたのは東芝の先輩であるロック釜沢晋さんのおかげです。

東芝で試合に出ることを目指していたころ、僕はダミーバッグを担いで50メートルダッシュを5往復する自主練習をやっていました。

これには理由があり、入社前に読んだラグビーマガジンがきっかけです。そこには釜さんのインタビュー記事が載っていて、釜さんがダミーバッグを担いで走っている写真も掲載されていたのです。それを見て、「オレもやろう」と思いついたのです。

これには後日談があります。

釜さんは、僕にこう言ったんです。

「それはふたりで担いでいるんだよ」

つまり、僕が見た写真は真ん中で切り取られていたせいで、釜さんが一人で担いでいるようなカットになっていた。どおりで重かったわけです（笑）。この練習を見ていた他の先輩からは冗談交じりに「大野、その練習を続けていたら50キャップはいけるよ」と言われました。

釜さんには、よくお酒を飲みに連れて行ってもらいました。

釜さんたち東芝の先輩方がすごかったのは、どれだけ飲んでも次の日、しっかりと練習することです。昔は練習後に泥のついたジャージのまま、朝まで飲んだこともあったそうです。

そういう豪快さはラグビーのプレーにも表れると思うんですよね。

釜さんからはロックの醍醐味も教えていただきました。

「自分でトライを取ることではない。自分の出したボールを誰かがトライをしてくれることだ」

それが釜さんの口グセでした。

ロックは何よりも気持ちが重要なポジションです。僕はウイングも経験していますが、試合後の体の痛みは比べものになりません。気持ちが強くなくてはやっていけません。

ニュージーランドの子供たちが最も憧れるポジションはロックだと言われています。強く頼れる男の象徴。世界の強豪では2メートルを超える大男たちが務めるポジションです。

2015年のワールドカップイングランド大会の南アフリカ戦、入場前に相手のロックと並んだとき、相手の身長は2人とも2メートルを超えていました。僕は192センチしかありません。「僕がロックですいません」となんだか申し訳ない気持ちになったものです。

ただ、身長があろうとなかろうと、気持ちだけは絶対に負けない。僕は「気持ちの強いロックがいるチームは強い」と考えています。

チームで一番体の大きい人間が痛がったり、弱っているところを見せれば、相手に付け込まれます。チームの士気も下がります。だから、どんなに痛くても強がらなければいけないし、すぐに立ち上がって走らないといけない。

だからこそ、僕はこのポジションに誇りを持っています。いずれはポジションを奪われる日が来るかもしれませんが、そのときは常にチームのために体を張れる選手に出てきてほしいものです。

それは試合の終盤、チームが劣勢でも率先してボールをもらいにいく選手です。ゲームが始まったばかりの時間帯や、チームが有利なときは誰もがボールをもらいたがりますが、そうではなくチームが苦しいときに、どれだけ「オレがいく！」という姿勢を見せられるか。

これが理想のロックだと僕は考えています。

「サンウルブズ」でスーパーラグビー参戦

2015年ワールドカップイングランド大会後、南半球の最高峰リーグと呼ばれるスーパーラグビーに日本チーム（ヒト・コミュニケーションズ サンウルブズ）が参戦しました。

僕が社会人に入ったばかりのころは、スーパーラグビーは別世界の出来事に思えるほど、縁遠いものでした。それをフミ（田中史朗）や（堀江）翔太が日本人でも活躍できることを証明し、道を拓いてくれた。スーパーラグビーに日本チームが参戦できる。これは本当にうれしい出来事でした。

ただ、最初の時点で僕にオファーは届きませんでした。しかし、他の選手がなかなかサインをしなかったので、回り回って僕にオファーが来たのだと思います。

「人が集まらないサンウルブズ自体が消滅する」という話も聞いていました。もし僕が断ってスーパーラグビー参戦が消滅したら、日本ラグビーに申し訳ない。それがサインをした決め手でした。

いかなる事情があったにせよ、あの年齢（当時37歳）でチームに呼んでいただけたのは光栄なことです。サンウルブズはこれからの日本ラグビーのため、ジャパン強化のためにつくられたチームです。その意味をしっかりと考えてプレーしないといけない、と気を引き締めました。

16年2月27日、開幕戦が秩父宮ラグビー場で行われました。

南アフリカのライオンズとの試合に僕はスタメンで出場しました。テストマッチ並みの緊張感がありましたが、どちらかと言えば楽しみな気持ちのほうが強かった。会場には2万人近い人たちが来てくれました。

試合は13対26で敗れましたが、どこか充実感に充ちていたのも事実です。スクラムで押され、ラインアウトもなかなか取れない中、この点差はポジティブにとらえられるものでした。

僕個人は前半に流血しましたが、止血してすぐにピッチへ戻りました。後半、キックオフの場面でタックルにいったときは相手に弾き飛ばされましたが、すぐに立ち上がり、ふらふらになりながらディフェンスに戻りました。軽い脳震盪だったと思います。今だったら交代を命じられていたかもしれません。

しかし、この試合はサンウルブズの歴史的な初戦。しかも、あれだけのお客さんが入ってくれたので、たとえ血が出ても、脳震盪になっても、恥ずかしくない試合をしたかった。それが本音でした。

僕はサンウルブズの一員として、まずはそのジャージを着ること。その上で自分の役割をまっとうできればいいと考えていました。

その後も南アフリカのチーターズに31対32、オーストラリアのレベルズに9対35、ニュージーランドのブルズに27対30、南アフリカのキングズに28対33、南アフリカのストーマーズに19対46で敗れました。開幕から6連敗。初勝利は遠方にかすんでいました。

南アフリカ遠征中、日本では熊本地震が起き、熊本県と大分県の多くの方々が被害に遭われました。僕らはチーターズに勝つことで、エールを届けたかった。

しかし、4月16日、敵地でのチーターズ戦では17対92と大敗してしまいました。結果が出ていませんでしたから、帰国後、4月23日の秩父宮ラグビー場でのジャガーズ戦は、お客さんが全然来てくれないのではないかという不安が先立ちました。ところが当日の会場には、約1万5000人もの人たちが応援に来てくれた。試合前には熊本、大分の方々に向けての黙祷もあり、選手たちの心のスイッチは完全にオンになりました。

ファーストスクラムでジャガーズをガッチリ止めることができました。何十秒か耐えることができ、向こうがボールを出した瞬間、「いける」という手応えを感じました。結局この試合、僕は後半32分までプレーし、試合は36対28で勝利。キャプテンとして、いろいろなものを背負ってきた翔太が涙を流していましたね。それを見て、僕もウルッときました。

うれしいのとホッとしたのとで、本当に勝てて良かったと心の底から思えました。日本のラグビーファンをがっかりさせないよう、ホームで初勝利を決めたかった。それを形にすることができました。

残り7試合は1分け6敗。サンウルブズの1年目は1勝1分け13敗に終わりました。

やはり、そう簡単には勝たせてくれません。ただ準備期間の短い中でも、そこそこ戦えたことは大きな自信になりました。

通用した部分もあれば、個々のレベルをもっと引き上げないといけないと感じた部分もありました。僕自身は世界の選手たちと比べれば体が小さいのでスピードと運動量を上げていかなければいけないと痛感しました。

スーパーラグビー参戦は、オーストラリア、ニュージーランド、南アフリカ、シンガポールなどを転戦し、移動面で大変だと言われていました。確かにその通りでしたが、僕からすれば飛行機はビジネスクラスを使わせてもらえたので快適でしたね。

かつてのジャパンは、エコノミークラスが当たり前。そう考えれば恵まれた環境になったものです。「サンウルブズは負けて当たり前」。そんな下馬評を覆してやろうという反骨心もモチベーションになりました。

サンウルブズは19年シーズンで4年目を迎えました。このスーパーラグビーでの経験がジャパン強化にも繋がっていると確信しています（残念ながら21年からサンウルブズはリーグから除外されることになりましたが）。

スーパーラグビーに限らず、15年ワールドカップイングランド大会以降は、日本人が海外のクラブでプレーすることも珍しくなくなりました。それはいちラグビーファンとして見ても、とてもうれしいことです。さらにその選手たちが集まり、ジャパンを結成することで、レベルアップした強いチームが見られるのではないかと、とても楽しみです。

フォワード最多キャップの日――忘れられないルーマニア戦の勝利

2019年6月現在、僕のキャップ数は98になります。これはジャパン歴代最多です。

代表の出場試合数を「キャップ」と呼ぶようになったのは、その昔、イングランドで同じチームの選手が同じ帽子を被って戦っていたことに由来すると言われています。後に出場の名誉として帽子が与えられる慣習が生まれました。日本では主に日本選手権の決勝前に授与式があります。

帽子のデザインは世界共通で、国や地域によって色だけが違います。例えばオールブラックスなら黒、スコットランドなら藍色と白。ジャパンは日の丸にちなんだ赤と白の配色なので、見た目は運動会の体操帽みたいです。

与えられる帽子は一人1個だけ。その後はキャップを重ねるごとに星型のワッペンが送られてきて（5キャップごとに星は大きくなります）、それを帽子につけていくんです。もちろん、僕は星も帽子も大事に保管してあります。


12年11月10日、僕が伊藤剛臣さんと並ぶフォワード最多タイのキャップ数（62）を記録したのは、ヨーロッパ遠征のルーマニア戦でした。

剛臣さんとは僕が初めて代表入りしたとき、同部屋になりました。一番、思い出深いのがフランス遠征です。

移動に24時間かかり、宿舎の部屋に着くと僕はクタクタ状態。やっとベッドで寝られると思ったら、なんと剛臣さんは出掛ける準備をしているんです。

「おい、飲みに行くぞ。オマエも着替えろ」

本当にタフな人でしたね。しかも剛臣さんは46歳まで現役を続けられた。それと比べたら僕はまだ41歳ですから、まだまだものです。

ルーマニア戦前、当時のヘッドコーチ、エディー・ジョーンズさんから選手たちの前でスピーチを命じられました。エディーさんはメモリアルなことがあると、その選手にスピーチをさせるんです。

試合前日のミーティング、僕はみんなに言いました。

「自分どうこうではなくて、久しぶりのヨーロッパ遠征で勝ちたいんだ」

僕自身、久々のヨーロッパ遠征に燃えていました。

「8年前の悔しさを晴らしたい」

その思いが強かったんです。

試合はスクラムでプレッシャーを受けつつも、ディフェンスでは粘りを見せることができました。8年前はピッチに立つこともかないませんでしたが、この日はフル出場を果たしました。

34対23。ジャパンがヨーロッパ勢に敵地でのテストマッチで勝ったのは、史上初めてのことでした。

「それでは、フォワードで一番キャップを取ったキンちゃんどうぞ」

試合後、チームで円陣を組んだときにも、エディーさんから発言を求められました。

僕はこう言って締めました。

「ヨーロッパでジャパンの多くの先輩が戦ったけれど、今日は初めて勝った。その先輩たちが飲んだことのない美味しい酒を皆で飲みましょう！」

ルーマニアに足を踏み入れたのは04年以来でした。前回、この国を離れるとき「もう来ることはないんだろうな」と思っていた場所にまた戻って来ることができ、しかも勝利の美酒まで味わえた。キャップ数の喜びよりも、その喜びの方が大きかったですね。

ルーマニアでは新たに嫌な記憶も刻まれました。一人でコンビニに行った帰り道、野犬に囲まれたんです。チームドクターから「ルーマニアの野犬は狂犬病にかかっている犬が多い。噛まれたら助からない」と忠告されていたのですが、「野犬なんてそんなにいないだろう」と油断していました。これが大間違いでした。

あれは本当に怖かった。なんとか野犬の群れから離れ、最後はホテルの柵を乗り越え逃げ切ることができましたが……。

「人の期待に応えたい」の根底にあるもの

フォワード最多キャップと言われても、実感はありませんでした。剛臣さん、箕内拓郎さん、大久保直弥さんたちに、僕は「まだまだ追いつけていない」との思いがあったからです。

それは2014年5月、小野澤宏時さんのジャパン最多キャップ数（81）を抜いてからも変わりませんでした。

このときは秩父宮ラグビー場でのサモア戦でした。試合前のセレモニー、最初は僕ひとりだけでピッチに入場しました。お客さんが皆で拍手で迎えてくれたので、否が応でも気合いが入りました。試合も33対14で勝ち、気持ちよく秩父宮を後にすることができました。

僕が何とかここまでやって来られたのは、社会人1年目の気持ちを忘れないでいることが大きいと思います。東芝に入り、まずは「チームに貢献したい」という思いからスタートしましたが、その気持ちは、ジャパンに選ばれるようになってからも全く変わりません。

先に述べたように、高校時代、野球部で試合に出られなかったこと、すなわち挫折が大きいと思います。監督が試合で使ってくれても結果が残せず、レギュラーの座をつかめませんでした。父親が試合観戦に来てくれても、息子の晴れ姿を見せることができなかった。そのときの申し訳なさが今でも尾を引いていて、逆にこれがモチベーションの持続につながっているのです。

僕の根底には「人の期待に応えたい」という思いがあるのです。いつだったか、誰かが言っていたことが胸にストンと落ちました。

「人間は自分のためにプレーするより、人のためにプレーする方が良いパフォーマンスが出せる」

まさしくそうだと思います。

「トップリーグの他のロックに恥ずかしいプレーは見せられない」

この思いも原動力となっています。

野球部員だった高校時代、試合に出られなかった選手の立場を僕は嫌というほど経験しました。出たいのに出られない悔しさ。チームが勝つことを素直に喜べない自分もいました。

チームに自分が貢献できないというのは悔しいものです。でも、チームが負けたときはもっと悔しい。だからこそ、試合に出られれば、常に勝たなければいけない。それは今も僕が肝に銘じていることです。

大台の100キャップまであと2キャップですから、周りからは、よくそのことについて聞かれます。

期待していただいていることは理解していますし、うれしいのですが、次の試合に出られる保証はありません。まずは目の前のトップリーグの試合に全力を注ぎ、その結果が認められてはじめて桜のジャージに袖を通せるものだと思っています。

これまでも、先を見ることなく1試合1試合、1シーズン1シーズン、自分のできることをやってきました。それは、これからも変わりません。まず目の前の試合に全力を尽くし、その先にジャパンがある。もちろん、「桜のジャージを常に着られる選手でいたい」の思いは常に持ち続けています。

酒が強い選手ほどラグビーがうまい？

「ジャパンと世界の差は何か？」

そう人に聞かれることが、よくあります。

多くの人は、「日本はフィジカルが弱い」と思っているかもしれません。しかし、私見を述べれば、フィジカルの強さでは日本人も引けをとらない段階にきていると思います。

そうではなく、今の日本ラグビーの世界との差は、コンタクトしながら正確にパスを出したり、受けたりする技術力です。オールブラックスとやったとき、こちらのタックルは決まっているのに、相手は何事もなかったかのようにボールをつないでくるんですね。

かつてパナソニックにいたソニー・ビル・ウィリアムズは、タックルを受けても片手でどんどんパスを出してきました。どれだけ手が大きいんだろうと思い、イベントで一緒になったときに比べてみたら、僕とほとんど変わらなかった。要するにサイズではなく、テクニックや視野の広さがレベルの違いにつながっているんだと痛感させられました。

小さい頃から培われたラグビーボールを扱う身体感覚やラグビー観といったものが、残念ながら僕たちとは違うのでしょう。オールブラックスの選手を見ていると、ボールの扱いがものすごくうまい。しかも倒されながらでも、しっかり周囲を見渡せている。もう次のことを考えているんですね。

だからこそ、オールブラックスはワールドカップで最多の3度優勝など、ラグビー王国の名をほしいままにしているのでしょう。

これは余談ですが、ニュージーランドではラグビーがうまい選手ほど、酒が強いそうです。東芝にいる元オールブラックスのリチャード・カフイもお酒は大好きです。おそらく、内臓が強く、体もタフということなんでしょう。

よく「ラグビーは野球のようにシャンパンファイトやビールかけをしないの？」と聞かれることがあります。やっているところもあるようですが、東芝ではやりません。酒はかけるよりも飲むのが一番です（笑）。例えばオールブラックスの選手は優勝したら、酒ではなく葉巻をみんなで吸います。特別な葉巻があり、それに火をつけてロッカールームで順番に吸っていきます。以前、東芝にいたオールブラックスの選手が日本選手権で優勝したときに持ってきていたので、皆で吸ったことがあります。皆が吸うから、吸い口がべちょべちょになる。これには参りました。

このように勝利を祝う儀式も国や地域によって、まるっきり違います。それもラグビーの面白いところです。

酒にまつわるマナーについて言えば、ニュージーランドやオーストラリアの選手は「右手で酒を飲むな」と言われるそうです。

ラグビーでは試合後にアフターマッチファンクションという、両チームの選手がちょっとした食事をしながら親睦を深める場が設けられています。そこで選手同士で握手して会話する際、向こうの人たちは「左手は不浄」という考え方が強いようで、必ず右手で握手を求めてきます。

右手でグラスを持っていると、左手を差し出すことになってしまい失礼です。また、いったんグラスを置いて右手を出すのも、冷えた酒を注がれていると手が冷たくなってしまっているため、これまた相手に失礼に当たります。

彼らの表現を借りれば、「バッファローのひづめ」です。もし右手でグラスを持っているのが見つかったら、一度、酒を飲み干して、左手に持ち替えないといけない。これがアンリトンルール（書かれざるルール）です。だから、ラグビー部の飲み会に行くと、皆、自然と左手でグラスを持つようにしていますね。

さらに酒の話を続ければ、恩師の薫田さんもかなりの酒豪です。よく飲みに連れて行ってもらい、酒の飲み方を教わりました。今でも宴席で目が合うと、グラスを空けなければなりません。それくらい頭が上がらない先輩です。

ラグビーは団体競技ですから、酒の席でチームメイトと打ちとけ合い、団結を深める部分も大事なことです。酒が入ると、選手の性格も本音も出てきます。普段はあまり話さない若手でも、酒の席ではいろいろな話ができます。互いに理解し合うことで、チームが一つになるのです。

僕も先輩にはたくさん飲みに連れて行っていただきました。年長者になり、今では若手を誘って飲みに連れていくことが多くなりましたが、僕の印象として最近の若い選手はあまり飲みませんね。

よくよく考えれば、僕は41歳。僕が入社した時の薫田さんたちの年齢よりもはるかに上になっています。当時を振り返ると、薫田さんにいきなり飲みに連れて行ってもらったとき、さすがに緊張して気が引けました。若い選手から見れば、僕もそんな風に見られているのかもしれません。

だから、最近は個別に呼び出すのではなく、チームの飲み会の中で、自然な形で若手と交流するようにしています。

「最初は大野さんのような大先輩に誘われるのは正直、気が引けました」

入社して間もない選手から、こう言われました。でもそれも何年か経つうちに、「あのとき、何でそう思ったのかわからない」という気持ちになるそうです。

一緒のチームで何年もやっていくうちに年齢を超えて、グラスを交えながら深い話ができるようになっていくものなんですね。

後輩にしてみれば、最初は「グラスが空いたら、お酒を注がないといけない」という強迫観念にかられるのでしょう。しかし、4、5年経つと、そんな緊張は自然となくなります。最近では僕のほうが気を遣い、後輩の酒をせっせとつくったりしていますから（笑）。

第5章

ジェイミー・ジャパンに捧げるエール

ジェイミー・ジャパンのアタック力は史上最高

現在のジャパンの指揮を執る**ジェイミー・ジョセフ**さんは、オールブラックスの一員として1995年ワールドカップ南アフリカ大会に出場し、準優勝を経験しています。

その後はサニックス（現・宗像サニックスブルース）でプレーし、ジャパンの一員としても99年W杯ウェールズ大会に出場しました。現役時代の主なポジションはフランカーでした。

この経歴からも、世界と日本の両方を知る指揮官であると言えるでしょう。

ジェイミーさんのラグビーの特徴は、キックの多用にあります。キックでボールを前に運び、それを組織的にチェイスする戦術です。なるべく敵陣でプレーしたいという考えが背景にあるのでしょう。

ジェイミー・ジャパンはこのところ、特にアタック面での成長が著しく、トライを取れるチームになりました。

２０１８年秋には、味の素スタジアムでオールブラックス相手に史上最多の5トライをあげました。試合には31対69で敗れましたが、オールブラックス相手に30得点は日本ラグビー史上最多です。

オールブラックス相手にできたのだから、イングランド、アイルランドら強豪相手にも20点は取れる。そんな手応えを感じさせる試合でした。

そうなると、勝つための課題はディフェンスです。強豪に勝つためには、失点を20点以内に抑えなくてはなりません。

参謀は強靭なメンタルの持ち主

ジェイミーさんの参謀役は、闘将というイメージがぴったりの**トニー・ブラウン**さんです。２人はニュージーランドのハイランダーズでコンビを組み、スーパーラグビーで優勝した実績があります。

彼は三洋電機（現パナソニック　ワイルドナイツ）でプレー経験があり、実際に戦ったことがあります。元オールブラックスのスタンドオフで、戦術を遂行する上で、あんなに堅実なプレーヤーはいない、というのが僕の印象です。

日本のスタンドオフはどちらかというとタックルが弱く、相手から狙われることが少なくない。しかしトニー・ブラウンさんはタックルがものすごく強かった。チームからは「あそこにだけはアタックするな」という指示が出ていたくらいです。

トニー・ブラウンさんはタックルに加えメンタルも強く、対戦相手としては本当にイヤな選手でした。

08年に彼は試合中にタックルを受け、腎臓破裂という大ケガを負いました。それでも復帰すると、その後の試合で見せたプレーはハードそのもの。生粋のファイターなんだと実感しました。

余談ですが、トニー・ブラウンさんはお酒が大好きです。トップリーグの表彰式ではいつも酔っぱらっていましたね。

一緒に飲んだこともあります。かなり酒が入っても乱れることはなく、いつも淡々と飲んでいます。オールブラックスに入る選手は、みんな酒が強いんだとリーチも言っていました。

確かに東芝にいる元オールブラックスで、酒の弱い選手は見たことがありません。彼らは飲むときはとことん飲みますね。決してハンパな飲み方はしません。

もはやワールドクラスのリーチマイケル

スタッフ陣に続き、9月のワールドカップ日本大会のジャパン候補選手を紹介していきたいと思います。

まずはキャプテンの**リーチマイケル**（東芝ブレイブルーパス）。

彼はボールを持ったら、絶対にゲインしてくれますね。何とかしてくれるという期待感が持てる非常に頼もしい選手です。

フィジカルが強いだけではなくて、パスもうまいし、時にはキックも蹴る。本当にチームメイトとして頼りになる男です。

去年のイングランド戦では、ものすごくいいプレーをしていました。当然、ワールドカップでは対戦相手も彼をマークしてくるでしょう。

30歳になったリーチですが、20代の若い頃はシャイで、そんなに口数の多いタイプではありませんでした。そのため、今のような存在感は想像できませんでした。それが今では、世界中の誰もが認めるリーダーの一人です。

僕もジャパンで1シーズン、キャプテンを務めたことがありますが、キャプテンにとって一番大事なことは、チームのために体を張るということです。

口でいくら何を言っても、プレーが伴わなければ、チームメイトの信頼は得られません。その点、リーチは率先して常に先頭で体を張ることのできる選手です。

そう、4年前のイングランド大会。あの南アフリカ戦でのラスト5分間がそのいい例です。

ウイングのカーン・ヘスケスのトライにつながるまでの一連のプレーにおいて、リーチは左に右にと走り回り、ボールキャリーをしていました。それまで80分以上プレーしていたのに、全く疲れを見せませんでした。

後日、本人に聞いたら、後半40分の場面でスクラムを選択したけど、スクラムトライを取れなかった。球出しも乱れてしまった。それで「責任を感じて走った」と言っていました。

ワールドカップは31歳（大会中の10月7日が誕生日）で迎えます。今が一番脂の乗っている時期かもしれません。能力的には世界トップレベルの選手になったと言っていいでしょう。彼にはもう何も言うことがありません。

本人は「あと2回、ワールドカップに出る」と言っています。彼は2023年フランス大会で35歳。僕は37歳でイングランド大会に出ていますから、4回目の出場も十分、あり得るでしょう。

リーチとは東芝で7シーズン一緒にプレーしていますが、初めて東芝の練習に参加したのは彼が20歳のときでした。

当時は東海大学3年生。まだ体の線も細く、まさかこれほどすごい選手になるとは思ってもみませんでした。ただ、その頃から練習態度は真面目で、体をぶつけることも嫌がらないハードワーカーでした。

リーチはその頃から代表候補で、僕とジャパンで一緒になった時、東芝のスカウト担当の方から「リーチをどんどん飯に誘って、東芝に来るように仕向けてくれ」と言われました（笑）。

それで僕は事あるごとにリーチを酒に誘い出しました。彼も東芝に対して悪い印象を持っていなかったんだと思います。そこに酒の恩も効いたのか、めでたく東芝の人になってくれました。

今年の5月6日に僕は41歳の誕生日を迎えましたが、リーチから動画でお祝いのメッセージが届きました。そういう細やかな気遣いができるところも彼の人間的な魅力だと思います。

激戦区のスクラムハーフ

19年シーズンからキヤノンイーグルスでプレーするスクラムハーフのフミこと、**田中史朗**は、彼が代表初キャップの時から知っています。負けん気の強いプレーは昔から変わりません。

自分がどういうふうにチームメイトに見られているかを、彼はいい意味でも悪い意味でも気にしないんです。ジャパンやチームで年長者となり、今や日本ラグビー界の顔になりました。

だから彼には、自分が精神的な支柱であるという部分も意識してもらいたいと思っています。彼の活躍なくして、ジャパンの躍進はありません。

フォワードとバックスをつなぐ役割のスクラムハーフ（9番）は、それぞれ個性があって、フミは自分でボールを前に持っていける力があります。

一方、同じポジションの**日和佐篤**は周りの使い方がうまくて、パスも多彩です。18年シーズンはサントリーサンゴリアスから神戸製鋼コベルコスティーラーズに移籍してトップリーグと日本選手権優勝に貢献しました。

一時期ジャパンから離れていた時期がありましたが、神戸製鋼での活躍を評価され、またジャパンに戻ってきました。外された時期も腐っていなかったというのは、メンタル的にいいものを持っている証拠です。

神戸製鋼では世界的司令塔のダン・カーター（ニュージーランド）と組み、同じスクラムハーフのアンドリュー・エリス（ニュージーランド）とポジションを争うことで成長しました。彼はサントリー時代から同じポジションに世界的なプレーヤーがいて、そういう中で成長してきた選手です。

もう一人のスクラムハーフ、**流大**（サントリーサンゴリアス）は、ジャパンでも強いリーダーシップを発揮しています。

彼は帝京大、サントリーと、ずっと強いチームでプレーしてきました。サントリーでは入社2年目でキャプテンを任され、トップリーグ&日本選手権2連覇に貢献しました。

流が大学4年生のとき、日本選手権で対戦したことがあります。東芝が勝ち、流の大学ラグビーの最後の試合になりました。他の4年生が泣きじゃくる中、悔しさを押し殺し、流は最後の挨拶までしっかりとチームを統率していました。

その姿に胸を打たれたのを覚えています。

「スーパーラグビー」に参加する日本のサンウルブズのキャプテンも経験しています。スクラムハーフは、チームの要です。

流のように若くして強いリーダーシップを発揮している選手は他にもいます。ロック、フランカー、ナンバーエイトでプレーする**姫野和樹**（トヨタ自動車ヴェルブリッツ）です。

入社1年目からトヨタ自動車というビッグクラブでキャプテンを任された逸材ですが、その重圧は計り知れなかったと思います。名将ジェイク・ホワイト監督に大抜擢されたことで、今ではジャパンでもリーダーシップを発揮しているようです。

姫野はメディアに取り上げられることも多く、彼自身もジャパンの注目株になっているとの自覚があるはずです。

姫野の強みはなんと言っても規格外のフィジカルですね。外国人選手相手でも単独でボールキャリーできる強さがあります。1回タックルで倒されても、また起き上がって前に持って行ける。そうなると怖いのはケガだけですね。

同じくフランカー、ナンバーエイトの**ツイヘンドリック**（サントリーサンゴリアス）の攻撃力も魅力です。

若いときはヤンチャで、ジャパンの練習にもよく遅刻していました。そんな彼ももう31歳です。

プレーは昔から光るものがありました。スーパーラグビーのレッズ（オーストラリア）でも活躍し、サントリーでも奮闘しています。突破力があるため、対戦相手としては最も警戒する選手です。

イングランド大会ではチームソングをつくってくれたほど、音楽好きのようです。あのときはボブ・マーリーの『バッファロー・ソルジャー』の替え歌で、チームを盛り上げてくれました。

図太いムードメーカー、堀江翔太

パナソニックワイルドナイツの**堀江翔太**は、日本人フォワードで初めてスーパーラグビーでのデビューを果たしたフッカーです。

翔太は大学卒業後、すぐニュージーランドに渡るなど、チャレンジ精神が旺盛な選手です。彼のスーパーラグビーデビューをテレビで観ましたが、自分のことのように感動しました。日本人フォワードがスーパーラグビーで活躍できるということを見事に証明してくれました。

翔太はいろいろなケガを経験しながら、それをしっかり克服してグラウンドに戻ってくる強いメンタルの持ち主です。

器用なプレーヤーで、キックパスもできるし多彩なパスも出せる。今までいなかったタイプのプレーヤーと言えます。

ドレッドヘアなどの髪型も個性的です。一度、協会に注意されたことがあるようですが、そんなことは気にせずにどんどんやってほしい。そのくらいの目立ちたがり屋でなくては世界の猛者相手に戦えませんから。

イングランド大会の南アフリカ戦で、後半4分にトライを許した場面がありました。プロップと僕（ロック）の間をぶち抜かれたんです。

直後にみんなで円陣を組み、次のプレーに向けて話し合いました。その際、翔太は的確に修正点をあげてくれました。

「キン（僕のニックネーム）が前に出すぎている。もう少し抑えろ」

ああいう大舞台でも冷静にチームメイトにアドバイスができるのはさすがの一言です。彼の経験値は、今のジャパンにとって最大の武器だと思います。

翔太の所属するパナソニックとは何度も試合をしました。敵としてはやりにくいタイプです。一方で彼も「東芝とやるのは、本当にイヤですわ」と東芝をリスペクトしてくれています。

翔太が代表初キャップのときも一緒で、よく覚えています。初キャップの試合直前は緊張するのが相場ですが、試合会場に向かうバスの中、後ろで鼻唄を歌っているヤツがいました。誰だろうと振り返ったら翔太だったんです。最初から図太いヤツでしたね。

そんな翔太には、ムードメーカー的な一面もあります。

エディー・ジャパンの宮崎合宿は、めちゃくちゃキツくて、楽しみはビュッフェスタイルの食事ぐらいしかなかったのですが、翔太はパンにいろいろな食材を組み合わせ、めちゃくちゃ美味しいホットサンドを作ってみせたんです。それを僕も真似して作ってみたら、すごく美味しかった。そのおかげで、宮崎合宿に小さな楽しみができました。

合宿後、翔太にお礼を言ったのを覚えています。

同じフッカーではイングランド大会のメンバーであった**木津武士**（日野自動車レッドドルフィンズ）にも注目しています。

彼は自分を成長させるために神戸から日野に移籍しました。木津はケガもあり、ジェイミー・ジャパンには呼ばれていません。しかし、今でも虎視眈々と代表の座を狙っているはずです。

プロップはスーパーマン

堀江と同じパナソニックワイルドナイツの**稲垣啓太**は新しいタイプのプロップです。彼ほどワークレート（仕事量）の高いプロップは今までいませんでした。タックル成功率がめちゃめちゃ高いし、本当にプロフェッショナルなマインドを持っているんです。自己管理も徹底していますね。

さらに言えば、SNSで自分を見せることも知っている。私服もおしゃれで、中身は「二枚目」と言われています（笑）。

プレー的には黙々とキツイことをこなす選手です。ジャパンに入ったころは無口でしたが、今ではジャパンの中心選手。言いたいことを言える存在になりましたね。もちろん、彼の発言に説得力があるのは体を張ってプレーしているからです。

プロップでは**山下裕史**（神戸製鋼コベルコスティーラーズ）もここに来て、ジャパンの中心選手になってきました。

若いときはラフプレーが多く、ちょっと困ったヤツでしたが、年長者になるに従いプレーに落ち着きが出てきました。

山下の魅力は外国人フォワード相手にも当たり負けしないフィジカルの強さです。33歳になり、今が一番脂が乗っている時期だと思います。

山下は誰にでも合わせられるタイプのプロップです。神戸製鋼、ジャパンだけでなくサンウルブズ、チーフスでも活躍しているのは、そういう適応力があるからでしょう。いろいろなトップレベルの選手との組み合わせを経験しているのも強みです。

東芝ブレイブルーパスの後輩だった**浅原拓真**は身長179センチとフォワードとし

ては小柄ですが、逆にその小さなサイズを武器にして、低いスクラムを得意としています。ランニングスキル、パスセンスもいいものを持っています。性格的にも明るく、愛されキャラですね。

浅原とは彼が東芝入社1年目のときに、よくフォワード会で飲みました。

あるとき、「あのォ、僕、ジャパンに入りたいんですけど、どうやったら入れますかね」と聞いてきたんです。

「オマエ、東芝で普通にやっていたらジャパンに入れるよ。自分でもそう思っているんだろ?」

「はい!」

若手の頃から向上心の強いヤツでした。

プロップでは僕と同じ東北出身の**三上正貴**（東芝ブレイブルーパス）もジャパンの候補です。彼もイングランド大会のメンバーです。稲垣同様に運動量が豊富ですね。

スクラムワークはすごくいいものを持っています。ラグビーでは「プロップが一番スーパーマン」と言う人がいますが、それを体現している選手でもあります。

ある日、東芝で普段はスクラムを組まないバックスの選手が1、2、3番（プロップ、フッカー、プロップ）に入り、後ろからフォワードが押すというちょっと変わったスクラムの練習をしました。

スクラムマシンを相手にその8人で何メートルか押した後、グラウンドを走るんです。またスクラムを組んで押し、また走る。そういう練習です。

気がつくと、普通のランニングなら先頭を走っているようなウイングの選手が最下位になっていました。そのときのトップがプロップの選手だったんです。

ロックの人格者、トンプソンルーク

僕と同じポジションのロックには**トンプソンルーク**（近鉄ライナーズ）がいます。トモ（トンプソンの愛称）はいつでもハードワークしてくれます。38歳になりましたが、サンウルブズでのプレーを見る限り、まだまだやれますよ。

トモは誰とでも分け隔てなく接することができる選手です。

昔、東芝の若い選手がジャパンの合宿に行ったときのことです。彼には知り合いが少なく、一人で黙々とご飯を食べていた。

すると、トモがスッと隣に来て「一緒に食べよう」と声を掛けてくれたというんです。後輩は「すごくうれしかった」と喜んでいましたね。

２０１７年のアイルランド戦の直前にケガをしてしまった僕の代わりに声が掛かったのがルークでした。ケガで落ち込んでいた僕に彼は連絡をくれ、「キンちゃんの代わりだから頑張るよ」と言ってくれました。

２０１５年のワールドカップを最後に引退を宣言していましたが、急な招集に応えてくれました。そのときのアイルランド戦での彼の活躍に感動した人は少なくないでしょう。

ロックではヤマハ発動機ジュビロでプレーする**ヘルウヴェ**にも期待しています。彼も身長１９３センチとロックとしては大柄ではありません。しかし体が強く、オーストラリアやアイルランドなどの強豪を相手にしても、ボールを前に運ぶ力があります。

ボール奪取能力に優れ、ブレイクダウンでは片腕一本で剥ぎ取ってしまいます。僕も何度もボールを奪われた経験があります。

このところジャパンから離れていますが、**真壁伸弥**（サントリーサンゴリアス）もジャパンには必要な人材だと僕は思っています。日本人のロックとして、フィジカル的にも外国人とやり合えるインパクトプレーヤーです。

彼はイングランド大会の2、3年前から、エディーさんから「オマエはワールドカップではインパクトプレーヤーで行くぞ」と言われていました。

本人は「本音を言えば、最初は（ロックのレギュラーの）5番を着たかった。でもエディーさんがヘッドコーチになってからは19番という番号にも誇りを持てるようになりました」と言っていたようです。

年齢は32歳。僕より9歳も年下ですから、まだまだ全然やれます。この間も、東芝とサントリーで合同練習をしましたが、相変わらず元気でした。

彼とは同じポジション、同じ東北出身なので、よく一緒に飲みにも出かけます。武骨な昔気質のラガーマンですね。

若きハードワーカーたち

若手ではフランカー、ナンバーエイトの**松橋周平**（リコーブラックラムズ）に注目しています。

身長180センチと小柄ですが、めっぽう人に強い。低い姿勢でプレーができるのが持ち味です。性格はとても真面目でサンウルブズの遠征で同部屋になったことがあります。常にストレッチをして体をケアしていましたね。

松橋と姫野、他にも**徳永祥尭**（東芝ブレイブルーパス）、**布巻峻介**（パナソニックワイルドナイツ）ら、3列目（フランカー、ナンバーエイト）の選手はチーム内で外国人との競争があります。そんな中でも、ポジションを確保できているのは、彼らがハードワーカーだという証拠です。

創造性豊かなスタンドオフ、田村優

スタンドオフは**田村優**（キヤノンイーグルス）が抜きんでていますね。ジェイミーさんもテストマッチでほぼ優を先発で起用しています。そのことからも信頼の厚さがうかがえます。

課題はピークをワールドカップに、いかに持っていけるか。そこでしょう。優が本当に乗っている時は、「いったい何個、目がついているんだ」というぐらい冷静に周りが見渡せます。「そこへキックパスを通すのか」とこちらが仰天するようなプレーを平気でやってきますから。

かと思えば、相手の意表を突くパスを放ったりもします。そういう創造性豊かなプレーヤーですから、少人数のミーティングを頻繁に行い、周囲に気を配っていますね。それが彼のいいところです。

対戦相手として見たとき、優には本当に苦労させられました。

こちらの意識がパスやキックばかりに行くと、フッと抜かれてしまうんです。そういうちょっとしたギャップを見逃さないし、ゲームを読む力はズバ抜けています。ところが調子が悪いときは無理やり突っ込んできて、ボールを失うことが、ままあります。その欠点は本人もわかっているはずです。

スタンドオフは言うまでもなく攻撃の中心です。だから、たとえ間違っていてもいいから、明確に指示を出してほしい。それがチームメイトの本音です。そうでなければチームに迷いが生じてしまうからです。

この田村に対抗できる唯一のスタンドオフが**松田力也**（パナソニックワイルドナイツ）です。力也は人に強い上に、しっかり体を張ることができる。経験を積めば、もっともっと伸びる選手だと思います。

彼が帝京大学4年生のとき、一緒にテストマッチに出場しました。2016年6月のことです。相手はスコットランドでした。そこで彼は大学生とは思えないようないいプレーを随所に見せてくれました。2戦とも負けましたが、強豪相手にいい勝負ができたのは、彼のパフォーマンスのおかげです。

もう一人、注目のスタンドオフは、エディーさんも注目していた山沢拓也（パナソニックワイルドナイツ）です。彼はラン能力が高いインパクトプレーヤーですね。

山沢の良さはなんと言ってもキックです。正確なプレースキックと創造性豊かなプレーが持ち味。キックでゲームをコントロールすることもできます。

彼が筑波大学3年のとき、日本選手権1回戦で東芝と対戦したことがあります。この試合は東芝が69対26と大勝しましたが、山沢からのキックで3トライぐらい奪われ、おまけに彼自身にもトライを取られました。

卒業後はパナソニックに進みました。18年シーズンのトップリーグ第3節（9月15日、秩父宮ラグビー場）でも彼と対戦しましたが、やられましたね。彼のPG、トライなどで東芝は24対31で敗れました。

ワールドカップのような短期決戦では、やはり軸は1本の方がいい。司令塔をコロコロ替えるのは得策ではありません。とはいえ、何が起こるのかわからないのがワールドカップ。不測の事態に備えて、タイプの違うスタンドオフをスタンバイさせておくことも賢明と言えるでしょう。

体を張れるセンター

ワールドカップに出場できる最終スコッド（メンバー）は31人です。ケガなど不測の事態が起こる可能性を考えて、複数のポジションをこなせる選手が必要です。

その意味でセンター（12番、13番）には、**立川理道**（クボタスピアーズ）がいます。彼はスタンドオフもできますから。

しばらくジャパンから離れていましたが、今年から候補合宿にも呼ばれ始めました。彼のストロングポイントは外国人を相手にしても当たり負けしないところ。しかも、どのプレーも堅実で、タックル、パス、キックの精度が高い。

僕は、実は南アフリカ戦勝利のキーマンは立川だったと思っています。彼が愚直に向こうのセンター、スタンドオフに体を当て続けた。それが後半、ボディブローのように効いてきた。あれが大きかったと今でも思っています。

同じようなタイプに**中村亮土**（サントリーサンゴリアス）がいます。

昨年11月のイングランドとのテストマッチで、トライをあげました。今、センターの中で最も上り調子の選手です。帝京大学時代からジャパンに呼ばれるほど、ポテンシャルの高い選手でした。

以前はプレーに波がある印象でしたが、サントリー、サンウルブズ、ジャパンで経験を積んできたことでプレーに波がなくなってきた。それに伴い、ディフェンスも良くなってきましたね。

他にもセンターには**ラファエレティモシー**（神戸製鋼コベルコスティーラーズ）、**ウィリアム・トゥポウ**（コカ・コーラレッドスパークス）、**梶村祐介**（サントリーサンゴリアス）ら、素晴らしい選手が揃っています。誰が選ばれてもハイパフォーマンスを披露してくれそうです。

大畑さんを彷彿とさせる福岡堅樹

ウイングでは**福岡堅樹**（パナソニックワイルドナイツ）のスピードに注目が集まります。まるで神戸製鋼、ジャパンで活躍した大畑大介さんを見ているようです。走り方も似ていますよね。

実は僕、初めて日本代表に入ったときのポジションは大畑さんと同じウイングでした。ある日の練習で、50メートル走を測定する機会があり、同じポジションで2人ずつ走りました。そのとき僕は大畑さんと一緒に走ったのです。

ヨーイドンで顔を上げた瞬間、大畑さんはもう5メートルぐらい先にいました。僕は長身の割には、足が速いほうだったんですが、「やっぱり違うな」と唸りましたね。

大畑さんは異次元の速さでしたが、今の堅樹もそうです。昔は体力不足の面がありましたが、フィットネスが向上するに従い、ボールタッチの回数が増えてきました。ディフェンスが苦手な印象もありましたが、それも体ができてきたことで、すっかり克服した感があります。

指示も的確です。自分がタックルを仕掛けなくてもいい状況に持って行けるようになった。これは経験の力でしょうね。

ラグビーファンなら周知のように、堅樹は医者を目指しているだけあり、頭脳明晰です。

ともあれ、ウイングの仕事はトライを取り切ることです。簡単にタッチに出されないことも重要です。トライゲッターとしての堅樹に大いに期待しています。

目の前から消える松島幸太朗

フルバックは**松島幸太朗**（サントリーサンゴリアス）が軸で起用されていますが、もう一人の候補は**山中亮平**（神戸製鋼コベルコスティーラーズ）です。

彼は若いときからジャパンに選ばれていたものの、残念ながらワールドカップには縁がなかった。

2011年に髭を伸ばすために服用した毛生え薬がドーピング違反となり、国際ラグビー評議会（現ワールドラグビー）から2年間の出場停止処分を科されました。そうしたこともあり、2011年ワールドカップニュージーランド大会には出場できませんでした。

前回のワールドカップもバックアップメンバー止まりでしたが、身長188センチの長身で、日本人では数少ない大型フルバックですから、今回はまたとないチャンスです。

松島については、もう何も言うことがありません。彼自身も「オレは世界で通用する」という自信と「オレはジャパンの軸だ」という自覚を持っているはずです。

ここにきてプレーに安定感が出てきましたし、味方からすれば本当に頼もしい存在ですね。

彼には驚かされたことがあります。練習で対峙すると、目の前から消えるんです。それぐらい鋭いステップなんです。これは相対した者じゃないとわからないはずです。

それに彼は若いときから物怖じしないタイプでした。決して口数は多くないのですが、自分をしっかり持っていましたね。

イングランド大会の南アフリカ戦では、後半31分に相手のトライを阻止する猛タックルを披露してくれました。あそこでトライを取られていたら、大きく試合の流れが変わっていたことでしょう。無口だけどやるときはやる男です。

僕個人としては、フルバック山中、ウイング松島の組み合わせもいいと思っています。ジェイミーさんはどう考えているのでしょうか……。

焦りは禁物――ロシア戦

さて、選手紹介はこれくらいにして、ワールドカップ日本大会で日本はどう戦ってくれるのか、僕なりの期待もこめて語ってみましょう。

今回も予選は、5チームのリーグ戦で行われます。ジャパンは予選プールAに入り、ロシア、アイルランド、サモア、スコットランドの順に対戦します。このうちの上位2チームが決勝トーナメントに出場できます。

2019年、9月20日。東京スタジアムで行われる開幕戦の相手は、世界ランキング20位（19年6月3日時点）のロシアです。

ロシアは欧州予選3位でしたが、1位のルーマニア（18位）とスペイン（19位）に出場規定違反があったため、繰り上げでワールドカップ出場を果たしました。

ロシアはフィジカルが強く、フォワードは強力です。

極端なことを言えば、試合には負けても体のぶつかり合いでは絶対負けたくないというプライドを持っています。間違いなく、相手は体格差を生かし、パワーで押してくることでしょう。これに対しジャパンは、ひたすら低いタックルを繰り返し、ロシアの選手を苛立たせることです。

どちらが先に気持ちが切れるか、我慢比べになると思います。ロシアは18年11月のテストマッチでジャパンと対戦したときがそうだったように、昔から前半に強いチームです。

おそらくジャパンは後半勝負を考えているはずです。前半から大差をつけてやろうとエンジン全開でいったら、焦って自滅してしまう可能性もあります。大事なのはクロスゲームになっても慌てないことです。

本音を言えば、4トライ以上で得られるボーナスポイント（勝ち点プラス1）を獲得して完勝したいところです。しかし、そこに気をとられていると、逆に足元をすくわれかねません。

初戦には、ワールドカップ独特の緊張感があります。一度ワールドカップを経験しているメンバーであれば、「またこの場に帰ってきたんだ」という感覚が甦り、慌てずに臨めるかもしれません。

しかし、中にはワールドカップ初出場の選手もいます。地に足がつくまでは時間がかかります。

僕の経験上、最初のタックル、最初のスクラムで相手にバチンと体をぶつけてから初めて落ち着きが出てきます。どの国の選手もそうだと思います。

僕の場合はボールに触るよりも、最初のブレイクダウンで頭を突っ込み、衝撃を体に感じることで平常心に戻ることができました。

バックスであればボールを持って走ること、キッカーであればキックを蹴ること。このようにポジションによって平常心を取り戻す方法に違いはあるかもしれませんが、最初のプレーが重要なのは言うまでもありません。

セクストンを潰せ！——アイルランド戦

9月28日の2戦目の相手、アイルランドは世界ランキング3位。昨年はシックスネーションズを全勝で制し、ランキング1位のオールブラックスを破った強豪です。

アイルランドにはジョナサン・セクストンという世界最高のスタンドオフがいます。過去のワールドカップでの最高成績はベスト8ですが、18年にはワールドラグビーの年間表彰式で、最優秀チームに選ばれました。さらにジョー・シュミットヘッドコーチが最優秀コーチ、セクストンが最優秀選手と3部門で表彰されるなど、優勝してもおかしくないぐらいの実力を持っています。

では、そんなチームを相手にして、全く歯が立たないかというと、そんなことはないと思います。


2015年イングランド大会においてジャパンは、初戦の南アフリカ戦から次戦のスコットランド戦まで中3日しかありませんでした。対するスコットランドは大会初戦でした。

今回はジャパンが中7日に対し、アイルランドは中5日。2日違いとはいえ、ジャパンに有利な日程です。

ところで、アイルランドに勝つ手本を示してくれたのが、エディーさんが率いるイングランドです。今年2月のシックスネーションズでした。イングランドは80分間、司令塔のセクストンにプレッシャーをかけ続けました。それがパスミスや判断ミスを誘発したのです。

もし僕がプレーするなら、まずセットプレーで崩されないことを重視します。アイルランドは強力なフォワード陣を擁し、セットプレーからのアタックを得意としていますから。

つまり、セクストンを封じること、次に、いかに相手のセットプレーを乱れさせるか。そこがカギだと思っています。相手ボールのラインアウトではボールをスティールできないまでも、いい球出しをさせないこと。フォワードとしては、そこにしっかりプレッシャーをかけていきたいですね。

イライラさせろ!——サモア戦

10月5日、アイルランド戦から中6日で迎える3戦目。決勝トーナメント進出のためには最悪でも1勝1敗で、このサモア戦を迎えなければなりません。

サモアとは前回のイングランド大会でも対戦しました。昔からチームカラーは変わりません。ボールのハンドリングがうまくアタックの強いチームです。

サモアの選手の特徴は、とにかく身体能力が高いことです。サモアやフィジーに遠征に行くと、子どもたちが草履を履いたまま鋭角なステップを踏んでラグビーをしている風景に出会えます。

それを見たときに、「これは持って生まれたものが違うな」と感じました。そういう特有の国民性なども見えてくるところがラグビーの面白いところです。

ただ、ラグビーは身体能力が高いからといって勝てる競技ではありません。ジャパンは前回同様、愚直に低く刺さるタックルを続けることで、サモアをイライラさせたいところです。

サモアの選手は総じて体が大きい。1人で止めきれないところは2人で止めるしかありません。もちろん1人に対して人数をかける分、素早く起き上がってすぐに次のプレーに向かう必要があります。サモア戦は運動量の勝負になると思います。

注意点としては、サモアには距離があるところでボールを持たせたくないですね。簡単にキックを蹴った結果、相手に余裕を持ってボールを渡してしまえば、カウンターの餌食になります。

スピードに乗せてしまうと、ランニングスキルが高いので大きくゲインされるリスクがある。それを防ぐためにも意図したところにボールを落とし、しっかりプレッシャーをかけることが大事です。

セットプレーにおいてはジャパンに分があるはずです。スクラムでもプレッシャーをかけられると思うので、いかにジャパンのペースで試合を運べるかがカギです。

さらに言えば、サモアにはアイランダー特有のムラッ気があります。ジャパンはセットプレーとディフェンスでプレッシャーをかけ続け、相手のメンタルを折ることが勝利の条件となります。

レイドローを封じろ！――スコットランド戦

さて、サモア戦から中7日の10月13日、プールA最終戦は世界ランキング7位のスコットランド戦。2015年イングランド大会でのリベンジに挑みます。

ジャパンは中7日ですが、スコットランドはロシア戦から中3日となります。4日間の差はジャパンにとって大きなアドバンテージです。

戦い方はアイルランド戦と同じです。すなわちキープレーヤーを潰しにいくことがポイントになると思います。

スコットランドのキープレーヤーはスクラムハーフのグレイグ・レイドロー。彼は素晴らしいキャプテンシーを持つ選手です。前回のイングランド大会でジャパンと対戦したときには8本のキック（4G、4PG）に成功し、20得点をあげました。

ジャパンは僕も出場した16年のテストマッチで対戦しましたが、勝てそうな試合を落としました。後半になって彼が入ってきたことが原因でした。

ジャパンは後半9分まで7点のリードを奪っていましたが、彼が入ったことでスコットランドは落ち着きを取り戻してしまいました。その後、正確なキックで4本のPGを決められ、ジャパンは逆転負けを喫しました。

スコットランドとアイルランドは僕の中では似ている印象があります。一人ひとりが真面目に、泥臭いラグビーをやります。それをコントロールしているのがセクストンやレイドローといった精神的リーダーの存在です。

逆に言えば、その司令塔を潰すことこそが勝利への前提条件となります。レイドローというボールの供給源にプレッシャーをかけ続ければ、スタンドオフにもプレッシャーがかかります。スコットランドのスタンドオフ、フィン・ラッセルもいい選手ですから、彼にも自由を与えてはいけません。

スクラムは十二分に対抗できるはずです。前半は耐え、後半、相手に疲れが出てきたところで、畳み掛ける。満員のスタンドもジャパンを後押ししてくれるはずです。

新たな歴史を刻め！

言うまでもなく今回のジャパンはホストカントリー。〝地の利〟もあり、決勝トーナメント進出の可能性は十二分にあります。最悪2勝2敗でも、勝ち点次第では2位に入れる可能性もあります。

2011年のワールドカップニュージーランド大会ではフランスが2勝2敗で決勝トーナメントに進み、準優勝した例もあります。

そのためには、サモアやロシアに、ぜひアイルランドとスコットランドを苦しめてもらいたい。ジャパンが次のステージへと進むカギを握っているのはサモアとロシアかもしれません。

僕の個人的な希望というだけでなく、多くの人が期待しているのは、イングランド大会で果たせなかった8強入りでしょう。これを、ぜひ日本で実現してもらいたいと思っています。

ワールドカップでベスト8に入れば、これは間違いなく「令和」の日本人の記憶に残るはずです。

ラグビー日本代表の歴史は、過去の代表選手たちの奮闘によって紡がれてきました。ワールドカップでベスト8に入れば、過去の代表選手たちも、彼らとともに輝くことができるのです。

ジャパンのジャージに袖を通した者の責任について考えたことがあります。桜のジャージをさらに誇りあるものとして、次世代に渡さなくてはいけません。それが代表選手の使命なのです。

おわりに

最後までお読みいただき、ありがとうございました。

経験上、僕が望むことは、ワールドカップを前に一日も早くチームが一つになることです。そして、2019年のワールドカップに向かうスコッドのメンバー一人ひとりが、今、自分のラグビー選手としてのピークと日本開催のワールドカップが重なったことを幸せに感じてください。それこそが一生に一度のことなのだから。

また、自分が今いる立場まで導いてくらたすべての人に感謝してください。その人たちの誰一人が欠けてもあなたはそこにいることができなかったのだから。

最後に、自分が何を犠牲にしてでも2019年のワールドカップに出るのだという確固たる覚悟を持ってください。その覚悟を持った者だけが発する空気が、必ずあります。その空気を周りの人間は自然と感じ取るのだから。

ここにいる「幸せ」を感じ、「感謝」を表し、強い「覚悟」を持った選手たちが厳しい練習を共にし、一つのチームとなったとき、初めて、ワールドカップに勝てる〝ジャパン〟になるのではないでしょうか。

ラグビーは理論や戦略だけで語れるものではありません。前回もワールドカップ前の宮崎でのキツイ練習を通して、「これだけキツイ思いを共有したんだ。誰が選ばれても、俺は認める」と納得することができました。あの宮崎で、はじめてエディー・ジャパンはワンチームになれたんです。

かくいう僕も、41歳とはいえ現役のラガーマンである以上、4度目のワールドカップ出場を諦めたわけではありません。2017年の追加招集（合流後、ケガで途中離脱）以来、ジャパンには選ばれていないものの、いつ招集がかかってもいいように準備だけはしています。

僕のモットーは「灰になっても、まだ燃える」です。もう灰になりかかっていますが、それでももう1回だけ燃えようという気概は常に心にとどめています。

ラガーマンにとってワールドカップは夢の舞台です。しかも、それが日本で開催されるのですから、夢のまた夢の舞台と言っていいでしょう。

ワールドカップ本番では、ジャパンを応援する日本の皆さんの声が選手たちの大きなパワーになります。これは僕にも経験がありますが、これ以上のエネルギー源は他にありません。

皆さん、どうかラグビー日本代表チームに、ありったけの声援を送ってください。スタジアムを桜のジャージで埋め尽くしましょう。感動の瞬間は、もうそこまで来ています。

大野均

2019年6月吉日

編集協力◉株式会社スポーツコミュニケーションズ（杉浦泰介）
松山久
編　　集◉飯田健之
装　　幀◉清原一隆（KIYO DESIGN）
DTP制作◉株式会社三協美術

ラグビー日本代表に捧ぐ

2019年7月12日　第1版第1刷

著　者　大野　均
発行者　後藤高志
発行所　株式会社廣済堂出版
〒101-0052　東京都千代田区神田小川町2-3-13　M&Cビル7F
電話　03-6703-0964（編集）
03-6703-0962（販売）
FAX　03-6703-0963（販売）
振替　00180-0-164137
URL　http://www.kosaido-pub.co.jp

印刷所
製本所　株式会社廣済堂

ISBN978-4-331-52240-0　C0075